中国の台湾武力統一が始まる

邱海涛
Kyu Kaitou

徳間書店

はじめに

台湾総統選挙直後に起こった漁民死亡事件の衝撃

２０２４年1月に行われた台湾総統選挙では、民主進歩党（民進党）の頼清徳《らいせいとく》が当選した。５月20日に就任演説を行い、総統の座につく。

しかし頼清徳政権には、前途多難な展開が予想されている。同時に行われた立法院（日本の国会にあたる）選挙で、民進党は過半数を獲得できなかったからだ。

２０２８年までの4年間の台湾政治は、行政院（日本の内閣にあたる）は与党・民進党が舵《かじ》をとることになるが、立法院は野党委員が過半数を占めるという「ねじれ」の状態となる。

閣僚人事の決定も、前任の蔡英文《さいえいぶん》総統（民進党）や、連立を組むとされる柯文哲《かぶんてつ》（民進党、国民党に次ぐ第3の政治勢力といわれる民衆党党首）など、各政治勢力とのバランスを考慮しなければならず、悩みは多い。

外交・防衛のほか、物価・景気対策、住宅対策、少子高齢化対策、交通改善など、難題が山積している。

次のヤマ場は2026年の統一地方選挙だろう。

しかし、新年早々、中国大陸と台湾の両岸に、不吉な暗い影が落とされた。不法漁労船拿捕《だほ》により、大陸漁民の死亡事件が起こったのである。戦争の匂いさえする大事件だ。

2024年2月10日は、中国の春節だ。陰暦では新年の始まりである。そして、正月元日から5日目の2月14日は、「迎財神」の日であった。

「財神」とはお金の神様のことで、「迎」とは、字面のとおり、迎えるという意味である。この日はたくさんの爆竹を鳴らすが、音が大きいほど、「財神」が喜んでやってくるといわれている。このように、中国人は金運に恵まれるように賑やかに祈るのである。

しかし、この日に2人の命が失われる大事件が発生した。

新聞報道によれば、2月14日、台湾海巡署（日本の海上保安庁にあたる）の巡視船が台湾の離島である金門島近くの海域で、不法漁労を行っている中国本土の漁船を発見。臨検しようと近づくと、漁船はあわてて逃げ出した。

逃亡過程で不幸にも漁船は転覆し、船に乗っていた4人の漁民が海に投げ出された。4人は巡視船に救助され、金門島の病院に運ばれたが、そのうちの2人がまもなく死亡したという。

金門島は中国大陸沿岸からわずか3キロメートルしか離れていない小さな島で、現在は台湾当局の管理下に置かれている。

このような不法漁労事件は毎年起こっていたが、漁民が死にいたるまでの惨禍はなかった。今回が初めてである。

激しい舌戦

中国大陸と台湾の間では、舌戦が繰り広げられた。

当日、大陸の国務院台湾事務弁公室は、「この事件は両岸同胞の感情を著しく傷つけた」と非難し、徹底した真相調査を求めた。

これに対して台湾当局は、巡視船は法律に基づき海上安全を守る正常な任務を遂行したもので、非は見当たらないと反論した。大陸漁民は海上の境界線を越えて金門の海域に侵入してきており、金門島漁民の権益が侵されているという。

台湾のマスコミは、次のことを指摘した。
1、毎年、冬になると大陸漁民による不法漁労事件が多発している。まず、中国側は厳しい管理をすべきである。
2、中台の間では、民進党政権以降、ホットラインが絶たれている。何かのきっかけで戦争が起こる恐れもあり、非常に危険な状態にある。
3、不法漁労の漁船は、「船名なし」「船舶証書なし」「船籍港登記なし」という「三無船舶」と呼ばれる不法の船舶であり、中台双方ともが取り締まるべき対象である。

4、不法漁労の漁民は、貴州省または四川省の言葉を使っており、福建省沿岸の漁民ではないかもしれない。中台双方の暗黙の了解となっている海上境界線を知らずに、金門島側の海域に侵入した可能性がある。

こうした台湾マスコミの指摘に対して、中国本土のネットは、議論、抗議および不満で炎上した。金門島海域という本土の眼前の場所で同胞が命を失うなど、人間の尊厳が貶められ、沿岸住民の安全が脅かされる、といった抗議の声が上がっている。

金門島は大陸沿岸からわずか数キロメートルしか離れていないのに、なぜ救助された漁民をこちらの病院に運んで治療に当たらせなかったのか。2人の遺体を返せ、拘束された2人を一日も早く解放しろ……。

こうした憤怒の声がネットに充満している。

中国政府の対応に不満をもつ人も多い。前述したように、2月14日に大陸の国務院台湾事務弁公室は、この事件は両岸同胞の感情を著しく傷つけたと非難し、徹底した真相調査を求めた。しかし、対応が弱々しい、抗議の言葉が軽すぎるといった声が後を絶たない。

海外のある台湾問題研究者は、中国政府が激しい対応を控えている理由として、「5月20日に頼清徳が行う就任演説が、穏当な内容であることを期待しているからではないか」と分析している。というのも、当日、世界へ向けての発言が中国に批判的なものであった場合、さらに面倒な事態になるからだ。

また、中国政府はこの事件をきっかけに、いままでなかった民進党政権と連絡・交流するチャンネルをつくり、軍事的危機を平和かつ安全な道へと導こうとする狙いがあるのではないか、という推測もある。

強硬姿勢に転じた中国政府

だが、2月17日、中国側には大きな動きがあった。国務院台湾事務弁公室の報道官があらためて談話を発表し、「台湾は中国の一部だ」としたうえで、事件が起こった海域について「制限のラインは存在しない」と述べた。海上の境界線などというものを、いままで一度も認めたことはないと主張したのだ。

さらに、翌18日には中国海警局の報道官も談話を発表し、「法執行力を強化する」としたうえで、事件が起こった海域で「定期的なパトロールを実施し、漁民の生命と財産を守る」と強調したのだ。

つまり、中国政府の態度が急に強硬になり、今後このような事件が起こった場合、見過ごすことなく海上保安部隊を出動させてでも断固とした対応をする、ということである。中国政府が、双方の黙認してきた海上の境界線を否定したということは、現状維持を保障する「同胞間の信頼関係」が壊れたということでもある。

これは中台戦争が発生する確率が一気に高まったことを意味する。

2月19日、中国海警局は巡視艇を出動させ、金門島から大陸側の海域に侵入してきた台湾の観光船に対して臨検を行った。

船舶証書、船長と乗組員の身分証明書、設備の設置、乗客の観光予定などを30分にわたって調べたあとに、とくに問題なく終わった。

観光船はその後、台湾当局の船に護衛されて金門島に戻ったが、20人あまりの乗客たちは、数日前の大陸漁船転覆事件を連想し、もう台湾に戻れないかもしれないと思ったと、震えた声で語ったという。

これまでは、このような中国本土側による臨検は、たとえ台湾の船が大陸側の海域に入っていっても、ほとんど行われなかった。金門島と厦門《アモイ》の海域が狭いため、双方の海域がかなりの程度で重なっており、いちいち問題視していたら、きりがないからだ。

19日に臨検を受けた台湾の観光船にしても、大陸側の海域への侵入は、ほんのわずかの距離（1000メートル）だったそうだ。

しかし、今後はこのような神経戦ともいえる臨検が多くなるだろう。

2月14日に起こった中国本土側の漁船転覆事件の原因は、いまだ調査中だが、20日、台湾海巡署は、漁船と巡視船の「衝突」があった事実を認めた。また、現場の映像を撮影していなかったことも確認された。これは事件の解決案をめぐる交渉の際、台湾にとって不利になるであろう。

2月20日、台湾の邱国正国防部長（国防相）は、立法府を訪ねた際、「大陸の海警局巡視艇による臨検については、台湾海巡署（海上警察）が対応している。軍は介入しない。平和裏に問題解決ができるよう期待する」と語った。

同日、アメリカの国家安全保障担当大統領補佐官のジェイク・サリバンは、「アメリカの立場ははっきりしている。台湾海峡の平和安定を維持し、一方的にこの平和安定の局面を破壊する行為に反対する」とのコメントを発表した。

2月21日、民進党の報道官は記者会見で、まもなく新総統となる頼清徳の三つの姿勢を伝えた。すなわち、①適切な事後処理を期待する、②台湾海巡署の断固とした法の執行を支持し続ける、③死亡事件の再発を避けるべきである、というものだ。

20日には、生き残った2人の漁民が釈放され、台湾から支給された新しい靴と服に着替えて本土に戻った。記者の取材に対し、「自分の船は台湾側の船の衝突によって転覆した」と泣きながら訴えた。

新年早々、険悪な雲が両岸を覆い、戦争の匂いが漂った。中台関係が平和的雰囲気に変化するか、戦争の硝煙に黒く燻《くす》ぶられるか、5月20日に行われる頼清徳の就任演説に、注目が集まった。

金門島海域でのパトロール常態化と戦争危機

2016年に蔡英文が台湾総統に当選した際、中国政府は蔡英文に対して「考察期」を設けた。つまり、蔡英文が執政になってから、しばらくの間、危険な「台湾独立」の方針を掲げるか、「一つの中国」の路線に沿って中国政府と協力して平和統一を望んでいるかをよく観察してから、蔡英文政権の評価を下すという経緯があった（その結果、期待は大きく外れ、「蔡英文路線は台湾独立を図る」という結論になった）。

しかし、今回は漁船転覆事件が起こっており、新総統となる頼清徳は以前から「台湾独立」志向が旗幟《きし》鮮明であるため、このような「考察期」のチャンスは与えず、就任演説で頼清徳に漁船転覆事件への謝罪姿勢が見えない段階で、軍事的・経済的に高圧的な手段を行使する確率はかなり高まる。

海外の台湾問題専門家は次のように分析する。

漁船転覆事件をきっかけに、中国大陸側による金門島海域でのパトロールや臨検は常態化する。中国海警局の巡視艇は金門島海域を自由自在に航行し、名実ともに主権をもつようになる。

海上警備にあたって、台湾側の力は中国大陸側に遥かに及ばない。大陸側はどんどんそのパトロールの範囲を広げて台湾側の海域へと迫っていく。

その際、突発事故のようなことが起これば、双方の衝突に発展する可能性が高い。最初は双方の海上警備隊の間での衝突だが、まもなく、双方の軍の間で武力衝突が起こって本格的な戦争になる。台湾が一気に攻め落とされて、「祖国統一」が実現される――。

このようなシナリオは、決して架空のものとして取り扱ってはならないであろう。

本書で筆者は、中台平和統一の可能性があり、中国政府が簡単に戦争を起こすことはないだろうと書いているが、こうした大陸漁民死亡事件が多発するようになれば、話が違ってくる。事態がエスカレートし、予測不能になる段階では、戦争が起こるものであろう。

本書執筆時の2024年3月11日時点では、下記のニュースが伝えられている。

一、台湾側の金門地検は、大陸漁民死亡事件について、パトロール中だった金門側海巡署職員が過失致死罪にあたると、ほぼ認定した。このことは、故意的なものでなくても、謝罪や賠償が要求されることを意味する。

二、地検の調査結果が出るまで、金門当局は大陸法医による検死、公開謝罪などを拒否する立場を取り続けている。遺族は検死が行われていないため、遺体の受け取りを拒否している。

三、事件処理をめぐる中台交渉は15回も行われたが、一つも合意にいたらなかった。台湾側は「慰安措置が先で、司法処理はあと」と主張するが、中国側は「謝罪、容疑者拘束が先」と強調する。3月4日以降、双方の会談は行われておらず、実質的な交渉は決裂している。

四、台湾側は「慰安金」で80万〜100万人民元（約1600万〜2000万円）を支払う用意があると伝えられている。一方、中国側は死者遺族への賠償金を最初の140万人民元（約2800万円）から2000万人民元（約4000万円）にまで値上げした。決着が遅れると、中国側の賠償金はもっと値上がりするだろう。
五、3月8日、台湾側の「全国漁会」代表が海巡署を訪れ、台湾漁民の安全を守ってくれているることを顕彰し、野党から事件について追及されている職員たちを激励した。

双方ともこれ以上の緊張は望んでいないものの、互いに譲歩する様子は見えない。頼清徳の就任式までに解決しなければ、事態がさらに悪化する可能性がある。

本書は、おもに中国政府の台湾政策制定のプロセス、両岸の歴史や関係性、経済交流の現状、および軍事衝突に関する分析を語る本である。読者が関心を寄せる話題として、いまの中国経済や社会事件についてもふれている。
なお、本書で使われる「台湾」は「中国台湾」の意味であることをご理解いただきたい。
本書が、風雲急を告げるアジア情勢理解の一助になれば幸いである。

2024年3月初旬

邱海涛

中国の台湾武力統一が始まる——目次

第1章　支配者が入れ替わってきた台湾の歴史背景

第2章 中台両岸・激変する社会と意識の格差

台湾人は競技も素質も一流
平均収入は72年の間に900倍も
台湾は早くから土地改革を断行
いまなお大きな隔たりがある農業
思想鎮圧の象徴「緑島」と雷震逮捕事件
国防大臣・彭徳懐の悲劇
「ミス・チャイナ」の登場
一世を風靡した歌手テレサ・テン
蔣介石と毛沢東が相次いで死去
経済基盤の「10大建設」
民進党の誕生・政治多元化へ
大陸親族訪問の実現
半導体製造ナンバーワンのTSMC

第3章 中台経済のカラクリと相互依存の虚実

民主主義指数でアジア首位
中国は歴史が長いが、教養が足りない
末っ子と男性器の話

中台貿易では台湾の黒字が目立つ
中国は台湾側を誠意がないと批判
「サービス貿易協定」で経済問題が政治問題へ
中台関係を揺るがした「ひまわり運動」
若者らが現状に不満、将来を危惧
イデオロギー・文化の違いから分かれる「中国人」と「台湾人」
中国本土が台湾に対して抱える「弱み」
台湾は「シリコンの盾」で戦争を止められるか
ハイテク技術で中国を困らせることができるのか
日常化する中台の経済制裁合戦

地理的・技術的に中国側が不利
ノルマンディー上陸作戦は奇襲作戦だったが……
他国介入阻止力は十分か
上陸直後、大反撃に直面する可能性
台湾には頑丈な地下砦がいたるところに
中国が軍拡競争の勝者になるという見方も
5年以内に中台戦争は起こるか
経済回復の間は戦争の可能性が低いか

第5章 不動産バブル崩壊後の中国経済の行方

恒大という巨大な地雷の爆発
財産の7割が持ち家の中国で不動産バブル崩壊
「烂尾楼」の被害者は160万家庭にも
関連業界も連鎖的に大打撃
不動産価格は平均20～30%も下落

第6章　「九二共識」とは何か――163

学校での「昼休み」までが有料化
横行する「罰金経済」
政府は罰金経済を取り締まるが……
黄河の水が有料化
かつて賑わった性産業はいまどうなっているか
最大の色街だった東莞の現在
遊郭の風景は雲散霧消
新指導部の誕生以降、警察トップが逮捕されるように
性産業は「地下河川」へと
性的暗号が氾濫するSNS
売春事件の発生件数について
売春に対する法律の定義は曖昧
「大数据掃黄」の威力
売春婦を待つだけでも違法
騙されて腎臓を取られる若者も

第8章　中台と日本をめぐる領土紛争

装丁　アーク・デザイン
写真　The Eastern Theater Command of the Chinese People's Liberation Army／新華社／アフロ

第1章

支配者が入れ替わってきた台湾の歴史背景

大陸王朝による台湾支配は長くない

台湾の人口は約2342万人で、東京の人口のおよそ倍だ。面積は3万6000平方キロメートルで、九州よりやや小さい。

中華人民共和国にとって、台湾が自国の領土の一部であることには疑いの余地もない。しかし、中国大陸との歴史的つながりといえば、非常に短いものだ。中国の歴史は古代文字が現れた商（殷）の時代から始まり、今日まで約3600年。台湾が中原王朝の管轄する地図に入れられたのは、清王朝の時代の後半からで、わずか200年でしかない。そのうえ、台湾のごく一部の地域を管理しただけで、全域にわたって統治をしたことは一度もなかった。

中国社会科学院がまとめた「简明中国历史地图集」（普及版中国歴史地図帳）には、数千年にわたる中原歴代王朝の実効支配範囲が示されている。中国社会科学院は中国の社会科学における最高の学術的機関で、同機関の論文や出版物は中国においてもっとも高い権威をもつ。

同書では、重要な時代として歴史順に、夏、商、周、春秋、戦国、秦、漢、三国、「梁、東魏、西魏」、隋、唐、元、明、清と並べている。6世紀初めの「梁、東魏、西魏」は海南島を制圧したが、隣の台湾は相変わらず域外の国のままになっている。両島の面積はほぼ同じである。

６世紀末の隋王朝は台湾人を降伏させようと試みたが、失敗した。その後の唐、元、明の地図には、いずれも台湾が記されていない。

１６３６年に清王朝が成立し、50年後の１６８３年に台湾を征服、ここに歴史上初めて中華王朝が台湾を手中に収めた。清の政府が編纂した「世宗憲皇帝實録」には、次のような雍正帝《ようせいてい》の言葉が載っている。「台湾はいままで中国の領土にならなかったが、父上の康《こう》熙《き》帝が謀略と皇威によりとうとうこの島を我が大清帝国のものにした」。

中国数千年の歴史において、台湾が域外の地であり続けていたことを裏付ける言葉だろう。

２０２３年９月に、中国社会科学院が広東省汕頭《さんとう》市で「康熙帝台湾統一３４０周年記念および両岸関係歴史研究」という学術シンポジウムを開いた。この会議のタイトルからも、台湾統一の歴史は長くないことがわかる。

支配した地域も限定的

しかも、清王朝は台湾を清の版図に入れるものの、その後２００年の間は台湾のわずかな地域を支配するにとどまっていた。

１８７１年、嵐で台湾に漂着した琉球人が、台湾原住民に殺害されるという事件が起こる。日本政府は清に厳重抗議し、犯人逮捕を迫っていた。

「清は200年近く台湾を統治していたにもかかわらず、ほとんどの地区には支配力が及ばず、独立する原住民の不法が横行している。わが国はみずから犯人を捕まえて裁判にかける方針が固まっている」

日本政府代表がこう語ったところ、清の政府は、

「原住民の地域は政令が届かず、化外《けがい》（文化が及ばない）の民が集まるところだ。貴国が好きなようにやればいい」と答えた。

この清の態度が、1874年の日本の台湾出兵のきっかけとなったといわれている。

台湾の面積は広東省の5分の1しかないが、清王朝の台湾管理がいい加減なものであったことが窺えよう。

そして、清までの数千年の歴史においても、台湾と中原王朝のつながりは、巡礼や朝貢も含めて実質的に何一つなかった。

清が日清戦争（1894～95年）で敗れ、台湾は日本に割譲された。その50年後の1945年、第2次世界大戦で日本が敗北したことで、台湾は清王朝を倒した中華民国が支配することになったわけだ。

いまの中国では台湾の話題になると、必ずといっていいほど、古くから中国の領土であることが強調される。だが、事実としては、中国と台湾のつながりはそれほど昔からでもなく、また強くもなかったのだ。正統性を強調したいのだろうが、歴史の点から主張する

のは、むしろ逆効果だろう。

古代中国人は海を恐れていた

台湾は古くに「夷州《いしゅう》」と呼ばれたことがある。中国語の「夷」は「野蛮人」という意味で、台湾を「荒れ果てた蛮夷の地で、大陸文明が届かず、文化や習俗は立ち遅れている」ところだと軽蔑していた。だから、歴代の王朝は台湾に目を向けようとしなかった。台湾を占領する清もあまり変わらなかった。

江戸時代の日本人は、台湾を「高砂国《たかさごこく》」と呼んでいた。日本の天文学者の西川如見《じょけん》が1720年に刊行した「長崎夜話草」の中に、「山の中の民は猿の如く」という描写がある。現在では差別的表現だが、当時の感覚ではそのように見られていたということでもある。

古代台湾が、100以上の部落政権からなる原始的社会だったことは確かだ。原住民は北方に大陸があるということも知らず、ましてや神のごとき皇帝の存在など知る由もなかった。

一方、古代中国人は海を恐れていた。前述した海南島は大陸から海を隔てて約33キロメートルの位置にあり、古くから罪人の流刑地として利用されてきた。台湾と大陸はさらに長く広い台湾海峡を挟み、平均170キロメートルもの距離がある。だから、よほどの事情がなければ、誰も険しい海を渡ろうとしなかった。

ちなみに、中国には島がたくさんあるが、これまで歴史的に支配した大きな島は三つしかない。それは台湾島、海南島、サハリンである。サハリンは1860年に清とロシアの間で締結された「北京条約」などの不平等条約によって、清からロシアに強引に譲渡されてしまった。19世紀の後半は清にとってもっとも政治腐敗がひどく、衰弱の一途を辿っていた没落の時期であった。

唐代の詩は多くの日本人に愛読されている。有名な詩は全部で4万8900ほどあるといわれているが、海を題材にする詩作は500を超えていないだろう。海のキーワードで古代詩を検索したが、非常に少ない。また、海の字が入っている漢詩にしても、必ずしも現代人のいう海ではない。古代では、大きな湖も海と称された。北京の中南海、北海も海の字が入っており、辺境の不毛の地も海外という。つまり、海を詠う漢詩は非常に少ないということである。

「海上生明月、天涯共此時《海上に明るい月が上り、天涯のどこからでもこのひとときを楽しむことができる》」(唐・張九齢)

このようなロマンに満ちる詩がある一方、次のような詩もある。

「滄溟八千里、古今畏波濤《果てしない海は8000里も広がり、古今の人々は波濤を恐れる》」(唐・高駢)

これこそが、古代中国人の海に対する恐怖心の表れではないだろうか。

唐、宋、元、明の建築物の存在は皆無

台湾と中国大陸王朝の関係史を考察するには、どれほど文化の共通性があるかを確認することも一つの手段だ。たとえば、中国特有の女性の纏足《てんそく》習俗、男性の辮髪《べんぱつ》（お下げ髪）、科挙制度などが台湾にどのくらい広がっているか、各時代の出土文物がどのくらい発見されているか、あるいは各王朝の建築物がどのくらいあるかを調べればいい。

女性の纏足と男性の辮髪は、台湾の歴史にも見られた。纏足は16世紀以降の明と清の時代に大陸から台湾に移り住んだ移民が持ち込んだ民間習俗で、辮髪は清の統治以降、台湾の一部の地区に強制されたものである（辮髪はもともと中華を統治した満洲族の清王朝が、漢族に強制したもの）。

ただし、いずれも台湾で行われたのは短期間であった。大陸の纏足文化はすでに10世紀以前から始まっていた。

科挙制度はよく知られているように、古代中国の官僚登用統一試験だ。出題は非常に難解だが、合格すれば身分や出身を問わず、最高級官僚に昇りつめ、莫大な権力や富を手中にすることができる。いわば、出世の登竜門なのだ。

国家試験なので、当然、行政が行き渡らない場所では試験を受けられるはずがない。科挙制度は中国大陸では少なくとも１３００年以上は続いていたが、台湾ではわずか１００

年くらいしか実施されていなかった。統治期間が短かったからだろう。

一方、台湾でも出土品は豊かにある。しかし、多くは史前数万年のもので、大陸の商文明以降の文物が発掘されることはほとんどない。人的交流が盛んではなかったからだろう。

台湾の古代建築物についていえば、もっとも古い建物は「紅毛城《こうもう》」（サントドミンゴ城）と呼ばれるもので、1628年にスペイン人によって建てられたものである。

2番目に古い建築物は「赤嵌楼《せきかんろう》」（プロビンティア城）と呼ばれるもので、1653年にオランダ人によって建てられたものである。

17世紀、スペイン人とオランダ人は相次いで台湾を侵略していたが、両者を足しても、支配期間40年間ほどで台湾から追い出された。紅毛城と赤嵌楼の変わった外観から、西洋式の建物であることはすぐにわかる。

中国式の建物でいえば、台南にある孔子廟がいちばん古いもので、清代の1665年に建てられた。聖人孔子を祀る場所であるとともに、大学者らを招いて学問講義を行う古代台湾の最高学府でもあった。台湾には、それ以前の唐、宋、元、明の時代の建築物はいっさい残っていない。

以上の民間風俗、科挙制度、古代建築物などの例を見てわかるように、台湾と大陸の関わりはほとんど清の時代に入ってからのもので、それまで大陸の影響はきわめて希薄だった。

ちなみに、6世紀初めに中国領に入った海南島には中国の古代建築物が数多く残っており、現存するもっとも古いものは11世紀につくられた「海口騎楼老街」と呼ばれる商店街だと伝えられている。

原住民族と大陸移民のルーツ

ところで、台湾の原住民族はどこから来たのだろうか。現在の人口約２３４２万人の台湾人のうち、圧倒的に数の多い漢民族はいつ台湾に来たのだろうか。

現在、台湾の原住民族は約40万人いるといわれている。総人口のわずか２％弱であるが、彼らは数千年、数万年前から台湾に渡り、長く住みついた台湾史における開拓者であったことは間違いない。

台湾原住民族のルーツは、東南アジアの島嶼部やオセアニア地域からの移民だといわれている。また、原マレー人など東南アジアの島嶼部からの移民の多くは、台湾にいちばん近い中国大陸の福建省に住む原住民である「閩越族《びんえつ》」の子孫だというのが主流的見解となっている。

つまり、結局は、中国大陸の原住民が海を渡り、東南アジアの島嶼部に辿り着き、数千万年をかけて代を重ねたあと、台湾へ移住してオセアニア地域からの移民と暮らすなかで血が混じり、現在の原住民族の特徴を形成してきたということだ。

これについてはさまざまな説があるが、一応、このような仮説が成り立つ。

では、漢民族はいつ台湾に来たのだろうか。それを知るためには、明末に生まれた鄭成《ていせい》功《こう》将軍の話をしなければならない。鄭成功は中国人の父親と日本人の母親の間に生まれたこともあり、「半分日本人」という出自のため、日本でも知名度が高い。近松門左衛門の人形浄瑠璃『国姓爺合戦』のモデルとしても知られている。

明の滅亡後、清王朝が中華の地を支配したが、明の遺臣は各地で清に抵抗した。鄭成功もその1人であり、「反清復明」を唱えていたが、抵抗運動がうまくいかなかったこともあり、台湾を拠点にして清に反撃することを決意する。

そこで、鄭成功は1661年に2万5000人の兵、400隻の船隊からなる水軍を率いて台湾を攻め、当時の支配者であったオランダ人を駆逐した。その後、鄭成功一族は台湾独立国の建国を宣言したため、多くの大陸移民が憧れて台湾にやってきた。これが漢民族の台湾への本格的移民の始まりだった。それまでも大陸移民はいたものの、規模は小さかった。

鄭成功は福建人だったため、台湾への移民も福建人が圧倒的に多かった。現在も、台湾語が福建語と同じ言語であることはよく知られている。100年あまり経った頃、台湾の漢民族の人口は200万人にまで膨れ上がった。年平均で毎年2万人が台湾に移住した計算だ。

1949年、国民党の蔣介石は国共内戦に敗れ、50万人もの漢民族の兵士を台湾に撤退させた。それ以降、大陸からの移民はとだえ、両岸は40年近く厳しく対立してきた。

１９８０年代の終わり頃に、ようやく中台の緊張は緩和され、毎年の両岸の往来は１０００万人に達した。移民の道も開かれ、中台居民の結婚件数も増加した。これまで12万人の大陸出身者が配偶者ビザで台湾に渡り、定住するようになった。現在までの40年間で毎年３０００人が配偶者ビザで台湾に移民したことになる。

ただし、この数は人口のわずか０・５％にも満たず、台湾のメインになるような規模ではない。

台湾という地名の由来

さて、台湾という地名はいつ頃から始まったのだろうか。前述したように、台湾は古くは「夷州」と呼ばれたことがあり、ほかに「流求」と呼ばれたこともある。「瑠求」「流虬」「留仇」とも呼ばれていたが、これらの中国語の発音はほぼ同じだ。

面白いことに琉球国（沖縄）を「大琉求」、台湾を「小琉求」と名づけるという時期も長くあった。琉球国はばらばらの島からなる国で、まとまった台湾島よりかなり小さいのは明らかなこと（琉球国の面積は約４０００平方キロメートル、台湾は約３万６０００平方キロメートル）だが、なぜ琉球国を「大琉求」、台湾を「小琉求」と名づけたのだろうか。これは古代中国語の「大」「小」の言葉の使い方と関係している。

古代中国では、「大」は必ずしもサイズが大きいとはかぎらず、「小」は必ずしもサイズが小さいとはかぎらなかった。性質の良さを表していることが多い。

当時、琉球国の文明度が高く、国力は遥かに台湾を超えていたからだ。だから、琉球国を「大琉求」と名づけた。地理的に隣り合っているため、古代中国人は便宜上、台湾を小さい「琉求」と呼んだのも一因であろう。

ちなみに、中国語の「大麦」と「小麦」、「大豆」と「小豆」についての解釈もそうだ。大麦は中国原産の農作物で、小麦は西アジアから伝来したものだ。大麦のほうが尊ばれる。「大豆」の使い道は「小豆」よりだんぜん広い。中国語の「大人」と「小人」もこのように理解してもらえばいい。

さて、話を戻して、「台湾」という地名はいつ頃から始まったのだろうか。それは17世紀後半、鄭成功の福建軍が台湾に入ってからのことではないかと思われる。

「台湾」という地名は、福建語の「埋怨《タイワン》」からきているという言い伝えがあり、信頼性が高い。発音が似ており、漢字を当てると「台湾」という2文字になる。

「埋怨」とは、愚痴をこぼすという意味だ。台湾は不毛の地であることを指す場合もあれば、台湾を開拓する人たちの苦労をいう場合もある。

言葉の意味にぴったり合う地名であろう。

西洋人支配者が現れる

しかし、支配者がよく入れ替わったため、台湾人につらい思いをさせていたことが、いちばんの「埋怨」の理由ではないだろうか。

ここでは、翻弄された台湾史を整理しておく。

日本と台湾の関わりといえば、倭寇と呼ばれる日本人集団（実際には倭寇は日本人だけではなく、中国人、朝鮮人も多く混じっていた）が、13世紀から16世紀にかけて台湾を訪れ、移民村もつくられたといわれている。彼らは台湾の原住民を「高砂族」と呼んでいた。彼らは台湾を経由して中国大陸や東南アジア諸島に向かっていた。台湾では、悪天候の際の避難、食品補充、船の修理などを行った。

倭寇は密貿易や海上略奪を行い、人さらいもした。このため、台湾の原住民は当然ながら良い印象をもたなかった。一方、倭寇の日本人も日本に台湾原住民の見聞を伝えてもいたが、たいがいは文明の低さを語っていた。倭寇は中国系の人たちという説もあるが、彼らは台湾の支配者になるつもりがなかった。

その後、豊臣秀吉や徳川家康が台湾に目をつけたが、台湾占領には至らなかった。

17世紀初めの頃、オランダ人とスペイン人がほぼ同時期に乗り込み、台湾を制した。これが初めての西洋人による支配の始まりだった。

60年近くのうちに三つの政府が

15世紀、16世紀は大航海の時代である。西洋の国々が海路を通じて未知の土地と資源を獲得していった。ポルトガルとスペインがその先導役を果たし、イギリス、フランス、オランダなどの国がそれに続いた。ポルトガルとスペインが植民地をつくれば、イギリス、フランス、オランダが後を追って隣の国の土地を占領し、植民地をつくるというありさまであった。当時の世界は、このように西洋諸国が勢力拡張に躍起になっていた。

台湾はこの列強諸国による奪い合いに巻き込まれた。1571年、スペインはフィリピンを占領し植民地としたが、その約50年後の1624年、オランダが隣の台湾を攻め取った。

これに対し、1626年にスペインも台湾に侵入、オランダの支配が及んでいない地域を占領し、両国は別々に台湾を統治した。その16年後、オランダがスペインを台湾から追放することに成功、オランダは台湾で史上初めての政府をつくり、教会や学校を建設し、農業の技術も伝授した。一方、過酷な税収制度を実施し、原住民を奴隷扱いすることもあった。オランダ人の支配期間中、大陸移民が少しずつ台湾にやってきた。

だが、オランダの支配も長くは続かなかった。

前述したように、1661年に鄭成功が軍を率いて台湾を攻め、オランダ人を台湾から追い出した。ここにオランダによる38年の台湾支配は終わりを告げる。

しかし、鄭成功が１６６２年に急病で亡くなると、鄭成功一族は新国家を設立し、清からの独立を宣言した。この支配期間中、オランダ人のように原住民や漢民族の住民を奴隷として使っていたという記録もある。

だが、宮廷内部の権力闘争で政権は弱体化し、さらに清朝の攻撃もあり、鄭氏政権は１６８３年に崩壊して降伏、台湾は清国領となる。

このように、１６２４年から１６８３年までの60年近くは、スペイン人、オランダ人、鄭成功といった外来政権が、入れ代わり立ち代わり台湾を支配した時期であった。

清支配下の台湾は悲惨だった

以降、清による台湾支配が始まる。

約２００年にわたる清の支配は、実に非効率的で暴虐的なものだった。そのために、台湾人の大陸への強烈な反抗意識が育ち、暴動や独立運動が頻発した。当時、台湾については「３年経てば小規模な反対運動が起こり、５年経てば大規模な反乱が起こる」といわれていたように、19世紀だけでも30件以上の大きな暴動事件が起こっていた。

島内は無法地帯となり、各々の氏族集団、出身地で集まるグループ、原住民派閥などによる独立政権が各地域を支配していた。彼らは常に戦い合い、殺し合い、領地内では自分たちこそが法律であるとした。

19世紀は海運が急速に発達したが、台湾海峡やバシー海峡は危険地域と見なされた。台湾沿岸には、目標となる灯台もなければ、海上保安のための警備船パトロールもなかった。海賊や匪賊による略奪や殺害が日常茶飯事のように起こっていた。

イギリス、アメリカ、日本などは自国船の航行の安全を図ろうと、清に対して交渉や抗議を繰り返していたが、清政府は「台湾は化外の地（文明が及ばない土地）だ」として、責任逃れに終始し、いい加減な対応を繰り返した。

清の統治から200年あまり経った1887年、清政府はそれまで福建省に所属させていた台湾を、福建省の行政管理レベルと同じ「省」に昇格させたが、3分の2に及ぶ地域では、相変わらず昔のまま立ち遅れており、行政統治が行き届く状態にはなかった。

「台湾民主国」の抗日闘争

台湾省になってから7年目（1894年）に日清戦争が勃発し、敗れた清は戦争の賠償として台湾を日本に割譲することになった。有名な「下関条約」第2条には、日本への台湾の「永久割譲」が謳われている。おそらく清側としては、不要なものを捨てるような感覚で手放したのではないだろうか。

一方、一部の清駐台軍の兵士と台湾住民たちはこの屈辱的な条約に激怒し、日本の占領軍に立ち向かった。彼らは台湾を「台湾民主国」と名づけ、新しい国旗を掲げて独立までも図ろうとした。

しかし、「台湾民主国」は5カ月しか続かなかった。日本軍の台湾上陸が始まると、台湾民主国総統・唐景崧《とうけいすう》も大将軍の劉永福《りゅうえいふく》も真っ先に大陸へ逃げ去る始末だった。

加えて、清駐台軍は正規軍とはいいながら、日頃から軍紀が緩み、武器の手入れもいい加減なもので、徴兵により入隊する兵士のなかには無法者や老人も多かった。

住民たちの戦闘意識や作戦も幼稚なもので、日本軍が村に近づいてきたら攻撃し、村から離れていったらすぐにやめるという限定的なものだった。統一された指揮もなく、各地で連携して戦術を練るということもなかった。

このようなずさんでボロボロの軍隊、あるいはばらばらの単発的なゲリラ戦で、当時アジア最強といわれた日本軍に勝てるはずがなかった。

清駐台軍は北京に使者を送り緊急軍事支援を求めたが、国防大臣からは「台湾割譲の条約を結んだ以上、それは無理だ。済んだことは挽回できない」と冷たく門前払いされた。

台湾人の多くは見捨てられたという思いを強め、外来支配者への憎しみがますます増幅していった。

飴と鞭の日本統治時代

1895年から50年間にわたり、日本による台湾統治が始まった。「世界一の親日」ともいわれる台湾だが、日本による台湾統治について、台湾人はどう見ているのだろうか。それは年代や個人の体験、社会的地位などの要素によってそれぞれ違う。

私見であるが、日本の台湾統治は、親日の台湾人に対しては寛大かつ善意的に取り扱ったが、反日・抗日的な台湾人に対しては徹底的な取り締まりを行い、飴と鞭を巧妙に使ったと思われる。

日本統治時代、すべての台湾住民が従順であったわけではない。原住民による抗日運動や暴動も少なくなかった。また、そうした反日・抗日運動に対し、日本による苛烈な鎮圧や報復による虐殺もあった。

たとえば、「西来庵事件」は典型的な事件だろう。これは1915年に起こった抗日蜂起事件であり、その規模は日本統治期間中で最大のものであった。殺害された数も、もっとも多いとされている。

首謀者の漢族系住民らは、現在の台湾台南市にある「西来庵」という道教の寺院において、蜂起して日本を台湾から追い出し、「大明慈悲国」を建国することを謀議し、宗教を結びつけ、「日本統治から20年経つが、神様から終わりを告げられた。みなが立ち上がって日本人を追い出そう」と人々を扇動した。

謀議の寺院名から「西来庵事件」あるいは、蜂起した場所から「タパニー事件」とも呼ばれる。

しかし、この計画は警察に漏れてしまう。関係者が逮捕されるなか、首謀者は逃走しつつ人を集め、３００人の集団で各集落の派出所を襲撃し、多くの日本人を殺害した。

その後、暴動は１０００人規模にも膨れ上がり、警察と激しい戦いを繰り広げた。だが、次第に蜂起軍は劣勢となり、間もなく鎮圧される。

この蜂起事件では、日本側の報復により多くの台湾人が犠牲になったとされている。正確な死者数はわかっていないが、西来庵のある町などは日本軍の大砲によって瓦一つも残らずに廃墟となり、身長１２０センチメートル以上の男性は１人残らず殺害されたという。10年ほど前に、この町では約３０００人の白骨が土中から掘り出されたと新聞が伝えている。

１９３０年に起こった「霧社事件」も有名である。これは霧社という中央山間部で台湾原住民のセデック族３００人が起こした抗日事件で、駐在所や、公学校の運動会に集まった人々を襲撃し、１３０人を超える日本人が殺害された。

日本側は武力により鎮圧し、戦闘の中で蜂起軍７００人が死亡したとされている。この事件は「セデック・バレ」という映画にもなり、台湾でヒットした。

台湾人によれば、日本統治期間中、少なくとも20万人に上る台湾人が殺害されたという推計もある（ただし、台湾の人口は日本による統治時代に倍増している）。

先進的技術で台湾建設を

一方、統治期間中、日本人が先進技術や法的社会管理システムを台湾にもたらしたのも事実であった。

１９０８年には基隆《キールン》～高雄《たかお》（当時の打狗）間の縦貫線鉄道が開通、１９１９年には台湾主要都市で上下水道が完成、１９２８年には台北帝国大学（現在の国立台湾大学）が設立され、１９３０年には烏山頭《うさんとう》ダムが完成した。

同時に、土地面積の計量や所有権の帰属、総人口の統計などの作業も行われた。

それまで、大陸における歴代の支配者はもちろんのこと、「三民主義」（民族、民権、民生）を掲げて国家現代化を目指した蒋介石の国民政府さえも、総人口の統計などとらなかった。国民政府は何年経っても「人口四億」と言い続けていた。

日本は学校、病院、港、道路、鉄道などをつくり、電力、水道、機械、肥料、鉱山などの会社を興し、台湾は急速に近代化していった。

とくに、１９３０年に完成した台湾嘉南の烏山頭ダムは、巨額の投資をし、最新の技術を使うことによって、10年かけてアジアにおける最大規模の水利施設となった。

烏山頭ダムにより、地域の農作物の灌漑システムが行き渡り、生産高は50倍も向上した。嘉南平原はいま、「台湾の穀物倉庫」と呼ばれている。

そのほか、台湾の気候に適した作物の品種改良も行われた。蓬莱米《ほうらい》はその代表格であり、これによって水稲二期作栽培が可能になった。

これらにより、数十万にも上る農家の収入が飛躍的に伸びることとなった。

加えて、日本は法治社会の管理システムを導入し、法律も制定した。反日・抗日運動さえしなければ、普通の日常生活において誰もが平等に暮らすことができた。

現代の台湾人、とくに中年世代や若者たちは、日本統治時代に建設されたインフラ設備に対して、基本的に「事実どおり」に評価している。台湾では廃坑となった日本時代の鉱石採掘地下作業場を観光地につくりかえたところもあり、昔のままの作業風景にタイムスリップできるということで、観光客の好奇心を刺激する場所となっている。

中国大陸のような、日本の植民地支配による侵略や搾取を糾弾する資料などは置かれておらず、日本批判の雰囲気はまったく感じられない。

司馬遼太郎の著書『台湾紀行』には、「邱永漢氏は〝台湾に日本時代五十年がなければ依然として海南島のレベルだったろう〟と言っている」という一文がある。中国大陸の人たちからすれば批判すべき発言だろうが、一部の台湾人が抱く、日本統治時代への思いを表しているとは思う。

ある中国人の台湾問題専門家は、「植民地支配者の根本的目的は侵略と略奪にあり、母国の利益を優先させている。一方、先進的な生産力や合理的社会管理システムも持ち込まれている」と述べているが、それも一理あるだろう。

台湾人の日常生活の日本化

日本統治時代は、希望すれば日本国籍が与えられた。台湾全域で日本語教育が行われ、徹底した日本文化の扶植を図ろうとした。

台湾総督府の初代民政局長を務めた後藤新平（第7代東京市長）は、台湾人について次のような旨の発言をしている。

台湾人の性格は中国人に見られるすべての欠陥をもっている。強いていえば、台湾人は死を極端に恐れ、金儲けに熱心すぎ、メンツにこだわるという、三つの粗悪なところがある。

後藤新平は、立ち遅れる台湾人は民権の思想に通じることができるはずがないため、日本国内の法律を台湾に導入しても無駄で、台湾の習俗に合う法律制度をつくるべきだと力説した。

飴と鞭を使い分けながら、日本人を手本とする徹底した教育が図られた。

台湾では、現地の若者が高等教育を受けられ、大学進学も可能だったが、ほとんどが理工系や医学系を専攻した。政治や法律、歴史などの専門を勉強する人はわずかしかいなかった。

これについて、台湾人のなかには、日本当局は思想が育つような教育を受けさせたがらなかった、大和民族出身の日本人にとって台湾人は二等国民にすぎず、開明的な思想が広まれば植民地支配が難しくなるからだ、と考える者もいる。

ただ、たとえば他国の植民地政策を見ると、ドイツはポーランドに対して、小学生までしか教育を認めず、オランダはインドネシア人に教育すら禁止し、批判されて20世紀になってようやく初等教育のみ許可した。

西洋の植民地政策では教育など与えないのが通常であるのに比べて、日本の教育普及は先進的であった。

なお、1928年に設立された台北帝国大学には、哲学科、史学科、文学科、政学科が設けられた。また、李登輝元総統は日本の京都大学に進み、社会主義の書籍を読んでいた。台湾では新聞も創刊されているし、弁護士会もつくられている。理工系や医学系に進む人が多かったのは、たんに近代化のための需要が多かったからだといえるだろう。

日本統治時代の台湾では、日本人官僚や軍人のほか、日本人の庶民も大勢いた。彼らは人力車や飲食店や青果店など、いろいろな職業に携わっていた。また、日本人教師もいれば、警察官もいた。日本人と台湾人が隣近所に住んでいることは多く、自然に親しくなる。このような環境で育てば、大陸に出自のある漢族系の台湾住民でも中国大陸との関係や思いは自然に減少していく。

日本統治時代は1895年から1945年までの半世紀にわたるが、ほとんどの台湾人が大陸で起こっていることについては無関心であり、無知だった。

義和団事件、八カ国連合による「北清事変」、国民革命の勃発、北伐戦争、中原大戦、抗日戦争などは、まるで別世界のことだった。太平洋戦争末期にアメリカ軍機が襲来したことがあったが、大陸に比べて台湾はわりと平和な日々が続いていたのである。

もっとも、台湾人でも中国大陸の革命に憧れて海を渡った者や、共産党軍に入隊して抗日戦争に身を投じた者もいた。

国民党時代──家族3代で異なる国籍

1945年8月、日本が敗戦し、中国大陸の国民政府が台湾の新たな統治者となった。国民政府は国民党の一党独裁による政府で、当時の総統は蔣介石だった。

国民党の台湾支配はきわめて苛烈で、政治弾圧や経済搾取は、台湾人に強烈な衝撃や屈辱感を与えた。台湾における独立意識はその時点から芽生え始めたといえる。

台湾人の間では、次のようなことが「恥辱」としてよく語られる。

〝祖母は清の時代に生まれ、清国の人と呼ばれた。息子が生まれると、日本統治時代で日本国籍を与えられ、日本人と呼ばれた。孫が生まれたら、台湾は中国に戻り、中国人と呼ばれた〟

一つの家族なのに、3代にわたる親族の身分がそれぞれ異なるという、屈辱の歴史を物語る話だ。

ある台湾出身の作家は、中学校時代の体験をこう語る。日本敗戦の日、みな教室で泣いていた。数日間、気が沈んでいた。しかし、ある日、一つの事実にふと気づく。それは自分が日本人ではなく、戦勝国の中国人であるという事実だった。自分の国を忘れていたというのだ。

「日本教育に汚された台湾人」は二等国民扱い

国民党軍が大陸から渡ってくることを知ると、多くの台湾人は「同胞」の台湾上陸を歓迎した。

最初に国民政府から台湾に派遣されてきた先遣部隊の長官は葛敬恩《かつけいおん》という名前の将軍で、彼は公開演説を行い、台湾での日本投降式を10月に決め、また台湾在留の非軍事人員の日本人に対しては、「いままでのとおり仕事を続ける」よう指示した。

一方、この将軍は台湾について、「台湾は二等領土で、台湾人は二等国民だ」と言い放った。

葛将軍がこのように発言した理由としては、台湾が日本精神、日本教育、日本文化に「汚され」ていたからだろう。日本化を否定することで、支配者としての正当性を示す意味もあったと思われる。

その一方で、インフラ設備が整備され、庶民生活も大陸と比べて豊かである台湾に対する嫉妬心もあったろう。のちに、国民党軍の兵士が大挙して台湾に渡ってきたが、上下水道が完備し、水道水の給水が行き届いているのを初めて見て非常に驚いたという。

米価は60倍も暴騰

前述したように、国民党軍の台湾進駐に対して、台湾人も大いに期待し、喜んでいた。ところが、いざやってきた国民党軍を見ると、ボロボロの軍服を着て隊列もばらばら、鍋や皿、雨傘を背負った実にみすぼらしい姿であった。規律のとれた日本軍とのあまりの差に、驚愕し落胆する台湾人も少なくなかった。

しかも、大陸よりずっと近代化が進んでいたため、多くの大陸人が富を求めて台湾に押し寄せてきた。そのなかには、無頼漢や詐欺師などの危険人物も多く含まれ、台湾社会に想像以上の混乱や不安をもたらした。

台湾では戦中まで日本円が使われていたが、日本の敗戦後は中華民国の当局が発行する台湾元に切り替わった。しかも不幸なことに、台湾元は中国大陸の通貨と固定相場制で紐づけられていた。つまり、大陸通貨の価値が上がれば台湾元も上がり、下がれば一緒に下落するということだ。

しかし、１９４５年以降の大陸では、蔣介石の国民党と毛沢東の共産党による国共内戦の激化で、大陸の通貨が安定するはずがない。極度のインフレが大陸を席巻し、その波が台湾をも直撃した。台湾元が暴落し、経済秩序は大混乱、台湾人の生活はたちまち苦境に陥った。

当時、台湾は世界有数の米の産地となっていたが、国共内戦のために質のいい米がどんどん大陸の戦場へと運ばれていった。そのため、台湾では食料危機が発生し、台湾人は飢餓に苛まれるようになった。

当時、米価はそれ以前の60倍にも暴騰したと伝えられる。生活最低限度の食事さえ満たされなくなり、台湾人の怒りが頂点に達する。

「人間の地獄」に陥る

当時の台湾社会は、「人間の地獄」といっていいほどひどい状態であった。支配者となった国民党の役人は汚職に浸かり、犯罪が多発し、経済が崩壊しかかるなど、社会は混乱の極みにあった。大陸から来たごろつきの横暴により、台湾は無法地帯と化してしまう。

大陸からやってきた無法者たちは、レストランで食事をしても金を支払わず、ところかまわず大小便をし、バスは無賃乗車が当たり前、学校ですら大陸系の教師は授業中に平気で床に痰を吐くなど、やりたい放題だった。

しかし、台湾人がもっとも憎んだのは国民党の軍隊だ。兵士たちは、あらゆるところで乱暴狼藉を働いた。路上では金品を脅し取り、綺麗な女の子を見つけると暴力で結婚を迫り、白昼堂々と民家に侵入して略奪していた。

彼らは武装しているため、被害者たちは抗議・抵抗することもできない。軍部も兵士らの犯罪行為に対し見て見ぬふりをしており、台湾人は泣き寝入りするしかなかった。

日本統治時代とのあまりの差に、台湾人は「犬が去って豚が来た」などと陰口をたたいた。口うるさいが規律には忠実な日本人（犬）が敗戦でいなくなり、代わりに何でも食い散らかす、汚い中国人（豚）がやってきたという意味である。

専売制度で私腹を肥やす国民党

国民政府が台湾に入ってくると、日本統治時代に築かれた台湾の財富はほとんど全部といっていいほど国民党に接収された。これら接収された財富には、総督府や各行政機関などの公的資産もあれば、一般の日本人商人や民間の台湾人企業家の私的資産なども ある。公私を問わずに没収されたため、民間の台湾人が長年にわたり汗水たらして蓄積してきた財産は、一夜のうちに蒸発してしまった。

国民政府は米、鉄などの重要な農産物や工業製品、さらにはタバコ、酒などの嗜好品に対して専売制度を設けて、利益を独占した。

国民党の役人たちは不動産投資に熱心で、立地のいい物件を見つけると、さまざまな理由をつけて、権利人である台湾人に立ち退きを命じ、自分のものにしていた。当時の役人は、誰でも莫大な利益を得られた。

当然ながら、台湾人には結社の自由も言論の自由もなかった。

暗黒の歴史「二二八事件」

国民党の悪政に苛まれた台湾人は、やがて堪忍袋の緒が切れ、いっせいに蜂起した。それが「二二八事件」である。台湾史や台湾政治を語るうえで、二二八事件は欠かせない重要な歴史の１ページだ。

事件は次のように起こった。

１９４７年２月27日の夕方、闇タバコ売りの台湾人女性が台北市の路上で取締官に遭遇し、殴られて倒れた。これを見た市民たちが集まってきて、憤慨して取締官に詰め寄った。身の危険を感じた取締官は逃げ出したが、民衆も追いかけて非難しようとする。そこで取締官がいきなり発砲し、不幸にも死者が出てしまった。

翌２月28日、このニュースが台湾全島に伝わると、台湾人の怒りが爆発し、全国的暴動が起こった。

台北の市民たちは、専売局や行政長官公署に詰めかけて抗議し、謝罪や賠償を求めようとした。台湾放送局も占拠された。台中や高雄の市民たちは、軍の飛行場や火薬庫といった軍用施設を襲撃するなど、過激な反撃を敢行した。台湾各地で、当局との間で激しい衝突が繰り広げられた。

3月に入り、台湾市民は「二二八事件処理委員会」を結成し、政府に42カ条にわたる要望書を提出して、社会制度の改革を強く要求した。そのなかには、発砲して死者を出した犯人への厳罰、腐敗役人の追放、役場での台湾人起用、武装組織の解散などの内容が含まれていた。

国民党政権は「黒幕は日本人」と糾弾

台湾当局は表向き市民の要望に応じるふりをしたが、裏では密かに大陸の軍本部に援軍を要請していた。間もなく殺気に満ちた1万人以上の精鋭部隊が台湾に到着すると、台湾人を無差別に虐殺し始めた。

街中では、機関銃の銃声と逃げ回る人々の恐怖の悲鳴が交錯しながら響き渡り、血の海と化した。また、警察官らが戸籍調査を理由に各家庭に闖入《ちんにゅう》し、多くの台湾人を強制連行した。

こうして民衆蜂起は10日ほどで無惨な失敗に終わった。この二二八事件では、犠牲者の数についてさまざまな説があるが、負傷者が数十万人、死者は約2万~3万人と推測されている。

３月29日には国民党の白崇禧《はくすうき》という将軍が台湾を訪れ、テレビで二二八事件についていくつか重要な背景があると談話を発表した。そのなかで、事件の背後に日本の影響があるとされた。一つは、日本統治時代の洗脳教育によって、台湾人は大陸を敵視するよう仕込まれたこと、もう一つは、台湾には日本の軍事訓練を受けた地下武装組織があり、これが台湾人の蜂起に協力したというのである。そのほかにも、役人の腐敗、社会制度の不備、共産党の関与なども挙げられた。

１９４９年、大陸で国共内戦に敗れた国民党は、大挙して台湾へとやってきた。同時期、台湾では戒厳令が敷かれ、以後、白色テロという恐怖政治が行われるようになる。多くの台湾人、とりわけ知識階級が狙われ、投獄・処刑されていった。この戒厳令は１９８７年まで38年間続き、世界最長の戒厳令となった。

１９９５年、国民党政府の李登輝総統が、最高指導者としてはじめて二二八事件について責任を認め、犠牲者家族と国民に正式に謝罪をした。また、毎年２月28日を「和平紀念日」とすることを定めた。48年の歳月はあまりにも長かった。

アジアの孤児に

二二八事件は台湾人の考え方を決定的に変えた。それは外省人（大陸人）と本省人（台湾人）の対立意識を強め、大陸と距離をとり、さらには離脱しようという思いをますます深めた。

一方、1970年代に入ってから、台湾をめぐる国際政治の環境や力関係が激変した。中華人民共和国と中華民国の間で、どちらが中国を代表するかをめぐって対立し、1971年の国連総会では中華人民共和国に代表権が認められ（アルバニア決議）、これにより中華民国は国連安全保障理事会常任理事国の座を失い、台湾は国連を脱退した。

1972年、日本が中国との国交回復を実現し、台湾と断交した。1979年にはアメリカも中国と外交関係を樹立し、台湾と断交した。

アメリカと日本の両国は台湾にとって強力な支援国であっただけに、これは台湾にとってかつてない衝撃となった。この時点から台湾は「アジアの孤児」となっていった。国交のあった国々も、中華人民共和国と国交を樹立すると同時に、台湾と断交していった。

2024年2月時点で、台湾と外交関係をもつ国は12カ国しかない。

第2章

中台両岸・激変する社会と意識の格差

台湾人は競技も素質も一流

国共内戦の敗北で国民党が大陸を去る以前の1948年、東アジアの「魔都」と呼ばれた上海で、中華民国第7回全国運動会が開催された。台湾チームは初めて大陸で開かれた大会に参加し、数々の陸上競技で優勝を果たし、素晴らしい活躍を見せて大陸の中国人を驚かせた。

開幕式では国民政府主席・蔣介石の特別訓示が発表され、「抗日戦争に勝利してから3年目にスポーツ大会が開かれた。東北3省の選手たちと久しぶりに再会し、台湾の選手が祖国に帰ることができたことを嬉しく思う」と述べた。東北3省とは日本が支配した満洲国の場所を指す。

台湾人選手は男子団体陸上競技で優勝、女子団体陸上競技で第4位、個人では男子200メートル走、女子槍投げ、男子シングル卓球で優勝するなど、驚くべき成績をあげた。日本統治時代、台湾で多くの運動場が建設され、台湾人の体質増強やスポーツ意識の向上が図られたことも、こうした活躍の一因だろう。

同運動会では、競技終了間際に外国人選手のチームも参加した。このチームは在中国ソ連大使館やほかのソ連団体、アメリカ陸軍や海軍の兵士、ユダヤ人団体など、34人から成っていた。

一方、中国側のチームは29人で、すべてが陸上競技の優勝者と準優勝者だった。台湾人選手13人が含まれており、100メートル走では外国人選手チームに大きな差をつけて優勝した。

当時、台湾の人口は約700万人、中国大陸の人口は約5億5000万人だった。1対80という人口比であるが、それでも輝かしい成績を残したのは、台湾人パワーの強さを示している。

一方、バスケットやサッカーなどの試合では乱闘事件が頻発した。とくに湖南省チーム、上海チーム、大連チームの乱闘が目立った。

しかし、台湾チームは礼儀正しく規律を守り、すべての試合で悪質なトラブルは起こらなかった。観客から広く称賛された。

平均収入は72年の間に900倍も

1950年代の台湾経済は困窮しており、庶民の生活は貧しかった。

当時のことを、現在70歳の台湾人はこう回想する。

「1960年代に小学校に通っていたとき、着るものは常に兄の古着だった。温かい饅頭を口にできたのは正月のときくらいだ。4年生のとき、初めて革靴を履いた。そのときの興奮はいまも忘れられない」

しかし、1960年代当時、台湾の小学4年生が革靴を履いていたことは、中国本土出身で年齢が彼とほぼ同じである筆者にとって、考えられないほどの贅沢だった。

当時の中国は、さらに貧しい生活を強いられていた。食事に米のご飯が出ることは少なく、おもに粗末なすいとんと餅が主食だった。家族で食卓を囲む際、兄にこっそりと蹴られることがよくあった。これは餅を分けてほしいというサインだった。両親がいるため口で言えず、足で指示された。分けてやらなければ、遊んでもらえず、殴られることもあったので、食卓の下でこっそりと餅を兄に渡した。非常に飢えていた時代だった。

筆者が住んでいた上海は中国一の都市といわれていたが、それでもこのような状態だった。ほかの地域では生活がさらに悲惨だっただろう。

中学校を卒業するまで、筆者や同窓生の多くは継ぎはぎの服を着ていた。

また、台湾経済の発展は速かった。以下のデータ（1人当たり年間平均収入）を見れば明らかだ。

1950年：37ドル
1970年：227ドル
1990年：9263ドル
1996年：1万4000ドル
2022年：3万2700ドル

72年間で年間平均収入は900倍に膨れ上がった。これは実に見事な成果だ。

対照的に、2022年の中国本土の1人当たり年間平均収入は、1万2608ドルで、台湾の3分の1でしかない（中国国家統計局「2022年国民経済・社会発展統計公報」）。

台湾は早くから土地改革を断行

日本では敗戦後、すぐに土地改革が行われ、日本経済の発展や貧富の差の解消が進められた。

一方、台湾でも1949年から土地改革が実施され、歴史的な功績を残した。土地改革がなければ、工業国家への道は絶対に開けなかっただろう。日本の土地改革は占領軍の強制命令によるものだったが、台湾の土地改革は自主的に行われた。

台湾の土地改革は3段階に分けて実施された。

第1段階は「375減租」で、地主の土地賃貸料は年間収穫の37・5％を超えてはならないと規定された。この措置により、一般農家の負担が軽減され、収入が増加した。

第1段階で資金を貯めた農家は、第2段階の「公地放領」へと進んだ。公地とはかつて日本人が所有していた土地のことであり、放領は分割支払いによる売却を意味する。日本人が所有していた土地を没収し、農家に10年間の分割支払いで売却するのだ。こうして10

年後に農家は土地の所有権を得ることになった。

第3段階は「耕者有其田」で、耕作する者が自分の田畑をもつことを意味する。地主は規定された面積の土地のみを保持し、超過分は政府によって徴収され、代わりに地主には国の債券や株が与えられた。徴収された土地は都市住民やほかの農家に販売された。

このようにして、台湾は10年かけて土地改革を完了させた。

資金を手にした地主たちは都会へと進出し、商業や製造業などの新しいビジネスを立ち上げた。「現代的工業化社会建設」の幕開けである。

いまなお大きな隔たりがある農業

一方で、中国本土はどうだっただろうか。

1949年に成立した中華人民共和国政府も、土地改革を実施した。その際、資本家階級である地主から土地を没収し、貧しい農家に分配した。これは国民党との戦いにおいて、農民の支持を得るためでもあった。

だが、国共内戦での勝利が確定し、統治基盤が確固たるものになると、すぐに土地は政府によって回収された。そして、1958年からは農家は「人民公社」という集団組織に編入された。

土地は自分の所有物ではなく、また、いくら頑張って作物の収穫を上げても、自分の実入りにはならず「公平に」分配されるということになり、多くの農民が働く意欲を失った。

１９８０年代に入ってようやく請負制が導入され、個々の農家が一定の土地を確保できるようになった。30年も遅れた土地改革だったが、これにより生産性は大幅に向上した。

だが、現在の台湾農業と大陸農業を比較してみても、明らかに台湾農業のほうが強い。恵まれた気候や高度な農業の機械化など、多くの強みがある。しかし根本的な原因は、大陸では土地の所有権が国にあるため、農民には使用権があるだけで、土地の売買が禁止されていることにある。これが新技術の導入や資金調達、再開発の可能性を阻害している。

さらに、中国では環境保護の意識が著しく低いため、水質や大気、土壌の汚染はいまなお深刻な状態であり、そのため農地の質は年々悪化し、汚染された農地は全面積の20％にも達していると伝えられている。

当然ながら、農民の収入には、台湾と大陸では大きな差がつくことになる。

思想鎮圧の象徴「緑島」と雷震逮捕事件

蔣介石時代の台湾では、思想や信仰の自由が制限されていた。１９４７年に二二八事件が起こり、１９４９年から38年間に及ぶ戒厳令が敷かれたことは、すでに述べたとおりだ。

蔣介石時代の言論弾圧を象徴する典型的な例が、台東市の東33キロメートルの海上に浮かぶ「緑島」に設置された、思想犯専用の刑務所だ。

ここは日本統治時代に刑事犯罪者を収監する場所として使用されていたが、遠い海の上にあるため、脱獄はほぼ不可能とされていた。台湾政府はこの施設を引き継ぎ、言論の自由を求める知識人や反抗的な一般市民を思想犯・政治犯として緑島に送り込んだ。当時、この監獄は「緑洲山荘」と称されていた。荒れ果てた島で、多くの人生と青春が無惨に奪われたのだ。

1987年に戒厳令が解かれ、1990年代に台湾で民主化が進むにつれ、「緑洲山荘」は思想犯や政治犯ではなく、暴力団関係者が収容されるようになったが、まもなく観光地につくり直され、毎年30万人の観光客が訪れている。

思想抑圧のもう一つの例が、雷震《らいしん》という知識人に対する軍事裁判だ。雷はかつて蔣介石から深い信頼を得ていたが、台湾に移ってから雑誌「自由中国」を創刊し、多党制の実施を強く主張し始めた。「自由中国」は大きな人気を集め、民主自由の象徴となった。だが、これに蔣介石は激怒し、雷の逮捕を命じた。

1960年、雷は軍事裁判で10年の有期懲役を受けたが、創刊から10年間にわたり記された記事は、当時の多くの台湾人に影響を与えた。現在の民主社会構築の礎になったといえるだろう。

国防大臣・彭徳懐の悲劇

ほぼ同じ時期、中国本土でも類似の政治思想弾圧事件が発生した。当時の中国国防大臣を務めていた彭徳懐《ほうとくかい》は、権威に屈しない性格の政府高官だった。地位としては、台湾の雷震よりも格上である。

1950年代、農家にとってもっとも重要な私有財産である土地が中国政府によって没収され、すべての農家が「人民公社」という集団組織の一員となり、厳しい生活を強いられた。これにより働く意欲を失い、生産性は急速に低下していった。

加えて、1958年には毛沢東が大躍進政策の大号令を行った。これは鉄や農産物の大増産を行い、高度経済成長により15年でイギリスを追い越し、アメリカに追いつくというものだ。ところがその方法は、あまりに荒唐無稽で非科学的な増産方法だった。そのため、各地で多くの餓死者を出す最悪の食料危機が頻発するようになる。

1959年、彭徳懐は最高指導者の毛沢東に手紙を送り、急進的な大躍進政策と人民公社政策の見直しを求めたが、これが毛沢東の怒りを買い、国防大臣の職を解かれた。

その後、彭徳懐は地方の閑職に追いやられ、社会から隔絶された辺境の地に閉じ込められた。1966年には世界を震撼させた政治運動「文化大革命」が始まり、彼は毎日のように批判大会に引き出され、拷問に等しい暴力を受けた。これにより心身ともに深い傷を負い、下半身不随となる。

監禁下に置かれた彭徳懐は、がんに侵されたが、いっさいの治療を拒否され、1974年に亡くなった。

「ミス・チャイナ」の登場

蔣介石時代の台湾では、思想弾圧で社会を厳しくコントロールしつつも、「ミス・コンテスト」を開催するなど、欧米のライフスタイルを模倣する柔軟な面もあった。

1960年、第1回「ミス・チャイナ」の予選が開催され、林静宜という美女が選出された。彼女はミス・ユニバース世界大会に中国代表として初めて参加することになり、このニュースは台湾中を沸かせた。

予選で「チャイナ・ドレスについてどう思うか」という質問を受けた林は、「チャイナ・ドレスは美しいだけでなく、生地の使用量も合理的で無駄がない。中国人女性にとって理想的な服装です。アメリカの家庭では電気設備が充実しており、主婦に便利さを提供していますが、生活リズムが少し厳しいかもしれません」と回答し、高い評価を得た。

しかし、「ミス・コンテスト」は1964年の第4回を最後に開催されなくなった。台湾海峡で大陸との軍事衝突が激化したためだ。虚栄心や名利、贅沢を追求する風潮に溺れることへの反対意見が高まっていた。

当時、生活の困難に耐えかねた本土の中国人による、香港への密入国者数が記録的な数に達していた。このような香港への密入国は「逃港潮」と呼ばれたが、1950年から1990年まで40年間も続いた。こうした状況に重苦しい気持ちを抱えていた台湾人も少なくなかった。

一世を風靡した歌手テレサ・テン

１９７０年、17歳の台湾出身の歌手テレサ・テンが初めて海を渡り、香港の舞台に立った。そのときから、テレサ・テンの美しい歌声が春風のように東南アジア地域の華人社会に吹き渡り、知名度は急速に広がった。

台湾から香港、香港から日本、日本から中国本土へと伝わり、１９７０年代後半には、閉鎖されていた中国全土でも彼女の歌声が響き渡り、多くのファンを魅了した。

中国人のなかには何かにつけ陰で人の悪口を言う者も少なくないが、テレサ・テンに対しては悪口を聞いたことがほとんどない。彼女の歌はそれほど魅力的だった。

テレサ・テンの歌が、イデオロギーの厳しい中国でも受け入れられた理由は二つある。一つは、１９７２年の日中国交回復後、日本製テープレコーダーが中国で人気を博したことだ。テープレコーダーで外国語を勉強する人が増えたが、テレサ・テンの歌を聴く人はもっと多かった。

もう一つは、１９７６年に毛沢東が亡くなり、人々が長年押さえていた感情が解放されたことだ。テレサ・テンの歌は、抑圧されていた中国人の感情を解き放つ役割を果たしたといえるだろう。

テレサ・テンの中国名は鄧麗君だが、同じ鄧という姓では鄧小平が有名だ。鄧小平は「老鄧」、テレサ・テンは「小鄧」と呼ばれていた。「老」も「小」も、年齢にあわせて名前につける愛称だ。

もしも2人が同じ場所に現れたら、どちらに人気があるかという冗談があったが、回答の多くは、テレサ・テンのほうだろう、というものだった。

蔣介石と毛沢東が相次いで死去

1975年、蔣介石が亡くなった。本土の中国人は喜んだが、台湾人は複雑な感情を抱えた。多くの台湾人が言論の自由を求めて殺されたり投獄されたりした一方で、経済発展により多くの台湾人が貧困を脱し、裕福な生活を得たからだ。

蔣介石には二つの特徴があった。一つは強烈な反共産主義者であり、もう一つは頑固な独裁者だった。彼は何もかも自分の意志で管理しようとした。

蔣介石の遺体はいまも埋葬されず、特製の棺に入ったままの状態だ。というのも、台湾の土になるのではなく、中国への帰還を待っているからだ。これは蔣介石の遺言によるものだそうだが、内臓の処理方法など、当時の関係者がもういないため詳細は不明だ。

一方、蔣介石の政敵である毛沢東は1年後の1976年に亡くなった。その日は曇りだったと記憶している。訃報を聞いた市民は街中で呆然と立ち尽くし、深い不安に包まれていた。毛沢東の死後、中国は鄧小平の時代に入り、改革開放への道が開かれた。

毛沢東は生前、「私は一生をかけて二つのことをやった。一つは蔣介石を打ち負かし、台湾へ追いやったことで、こちらは勝利を得た。もう一つは文化大革命を発動したことだが、これは失敗だった。誰もが私に不満をもっている」と語っていた。

文化大革命は大規模な政治粛清運動で、毛沢東は政敵を次々と牢獄に送り込んだ。劉《りゅう》少奇《しょうき》のように、国家主席を務めた者さえもこの運命からは逃れられなかった。

蔣介石は87歳、毛沢東は82歳でこの世を去った。

経済基盤の「10大建設」

1965年、世界初の「加工輸出基地」が台湾の高雄に設立された。総面積69ヘクタールに工場、港、倉庫、住宅、商店街、病院、娯楽施設が建設された。海外から輸入した原料や部品を組み立て、製品を海外へ輸出する新しい生産方式だった。

この方式が成功したのは、台湾の安価な労働力を活用したからだ。当時、国際経済の環境が変化し、アメリカや日本など先進国は産業構造を高度化させるため、低技術で労働集約型の工業生産を海外に移転していた。

台湾はこの機会を捉え、外国資本と技術を導入。その結果、台湾の外貨備蓄は増加した。

1970年から1980年の間に、台湾では「10大建設」が行われた。これは①南北高速道路、②中正国際空港、③鉄道の電気化、④北回鉄道、⑤蘇澳港、⑥台中港、⑦大型製鉄所、⑧大型造船所、⑨石油化学工場、⑩原子力発電所を建設することである。

分野としては交通運送が六つ、重工業が三つ、エネルギーが一つであり、これらの完成により台湾の経済構造は大きく改善され、国民生活の質は飛躍的に向上した。

1977年、台湾は個人の海外旅行を解禁し、外貨両替を自由化した。これは生活の豊かさを象徴する出来事だった。

中国本土はこれに20年遅れ、個人の海外旅行を解禁したのは1997年だった。

民進党の誕生・政治多元化へ

1986年、主権独立を目指す民主進歩党（民進党）が台湾で結党された。これは前代未聞の出来事だった。というのも、当時はまだ一党支配の独裁時代にあって、政治団体の結成の自由が法律で認められていなかったからだ。そのため、台湾社会に衝撃が走った。

国民党政権は民進党の結成を正式には認めなかったが、厳しく取り締まることはなく、寛大な態度で静観した。国民党主席で蔣介石の息子である蔣経国《しょうけいこく》は、民進党の結成について、「世の中が変わり、情勢が変わり、世界の流れが変わっている」と言及した。

民進党結成からわずか2週間後、国民党政権は言論の自由を全面的に開放する施政方針を発表し、人権を保障する法律を制定した。

これまで独裁政治で強権を振るってきた国民党政権がここまで変化するとは、多くの台湾人には思いもよらなかった。その背景には、台湾経済の発展とともに、民主意識をもつ若手幹部や官僚が増え、多元化社会の実現が進んでいたからだ。

民進党は結成当初の数人の党員から、現在では政権与党として台湾の政治を左右し、国際社会からも注目される存在に成長した。また、台湾海峡をめぐる大陸との緊張関係の点でも、かたときも目を離せない存在となっている。

中国本土では民進党の話題になると、批判と怒号が渦巻く。民進党は、「台湾人は中国人ではなく、台湾人であり、台湾は独立する主権国家だ」と主張しているからだ。台湾人のアイデンティティや台湾独立を主張する民進党は、台湾は中国の絶対不可分の一部だとする中国政府からすると、断じて許せない存在だ。

とはいえ、民進党の支持基盤は台湾全土に及んでいるわけではない。2024年1月の総統選挙および総選挙では、総統・副総統こそ民進党が取ったが、国会議員の数では国民党が上回る「ねじれ状態」になり、今後の政権運営にはさまざまな困難があると目されている。

大陸親族訪問の実現

1987年、台湾政府は大陸の親族訪問を解禁した。この政策のおもな対象者は大陸出身の退役軍人たちだった。

１９４９年の国共内戦敗北後、50万人もの将兵が本土から台湾へ渡り、40年以上の歳月を過ごした。これらの兵士の多くは平民出身で、教育や技術ももたない者が多かった。親族訪問の解禁が知らされると、故郷への懐かしさから、多くが興奮を隠せなかった。2週間で10万人分の申込書が瞬く間になくなった。

老いた元軍人には貧しい者が多かったため、台湾各地で募金活動が行われ、彼らへの旅費支援が提供された。

しかし、親族訪問が必ずしも楽しいものになったわけではない。台湾で再婚し、重婚状態になっていた者は、帰国後に元の配偶者との法的問題に直面した。また、貧困を理由に故郷の人々から嘲笑されたりすることもあった。基本的に元軍人は財産のない者たちであり、貧しい人は、中国大陸での尊厳などない。

加えて、地元の役人との間で、過去の恨みが原因でトラブルが激化するケースも少なくなかった。

半導体製造ナンバーワンのＴＳＭＣ

１９８７年、台湾積体電路製造（ＴＳＭＣ）が台湾で創業した。現在、同社は世界最先端の半導体製造を独占するほどの巨大企業に成長している。２０２２年第3四半期の段階で世界シェアの56・1%を占め、時価総額はトヨタの2倍以上の約62兆円である（2023年2月時点）。

中国本土のハイテク産業にとっても、TSMCの製品なしでは経営危機に直面するほど不可欠な存在になっている。

TSMCの創設者、張忠謀（モリス・チャン）は、1970年にはすでに「半導体の設計と製造の分離」が将来の主流になると予見していた。

現在、あらゆる電気製品に半導体チップが使われているが、製造メーカーは半導体の設計は可能でも、製造の専門知識や設備はもち合わせていないからだ。張は、いずれメーカーは半導体製造を専門業者に任せたいと思うようになるだろうと予測した。

彼の予測は見事に的中し、TSCMは半導体を製造する「ファウンドリー」として、世界ナンバーワンの地位を確立している。

中国が台湾の実力支配を目論む一因として、TSMCを掌握したいからだと考える専門家も少なくない。

TSMCの成功の裏には、台湾政府の強力な支援があった。1980年、政府主導で新竹科学園区が設立され、台湾版「シリコンバレー」と称されるようになった。

TSMCをはじめとする多くの台湾ハイテク企業がここに集い、成長し、世界へと羽ばたいていったのだ。

民主主義指数でアジア首位

日本の新聞が報じたところによると、「イギリス・エコノミスト誌の調査部門、エコノミスト・インテリジェンス・ユニット（ＥＩＵ）が発表した２０２２年の国・地域民主主義指数で、台湾がアジアで首位、世界で10位にランクイン」した。

台湾がアジアで首位に輝いたというのは驚異的だ。ランキングは「選挙過程と多元性」「政治参加」「人権擁護」など5分野の評価をもとに総合点を算出したものだ。アジアでは日本が2位、韓国が3位だった。

２０００年に筆者が初めて台湾を訪れた際は、ちょうど総統選挙期間中で、台湾の民主化の進展を目の当たりにし、深い感銘を受けた。

１９９６年に初の総統直接選挙が行われてから、２回目の直接選挙であり、長く独裁政権を続けていた国民党から民進党への史上初の政権交代があるのではないかと、世界が注目していた。

国民党と民進党の両陣営の支持者は、街に出て熱狂的な応援活動を展開した。結果は、民進党の陳水扁《ちんすいへん》が総統に選ばれ、１０６年の歴史をもつ国民党が、結党14年の民進党に政権を譲ることになった。これは史上初の平和的な政権交代だった。

とくに印象的だったのは、街中では罵声や喧嘩がいっさいなく、両陣営の支持者が礼儀正しく行き交う様子だった。平和的で民主的な雰囲気に満ちていた。

しかし、大陸では、台湾独立を主張する民進党のイメージは非常に悪い。もちろん、民進党を称賛する声はほとんどない。台湾の独立気運が激化すれば、戦争のリスクが高まるためだ。また、陳水扁は２００８年に機密費横領などの容疑で逮捕されたが、この事件で民進党は評判を大きく損ねた。

話を現代に戻すが、日本の新聞が報じた別のニュースによると、２０２３年6月にスイスのビジネススクールである国際経営開発研究所（ＩＭＤ）が「世界競争力年鑑２０２３」を発表したが、64カ国・地域のなかで台湾は6位にランクインした。

このランキングは、「経済状況」「政府の効率性」「事業の効率性」「インフラ」の四つの指標をもとにしている。１位はデンマーク、日本は35位だった。

このように、台湾は、民主主義と経済がうまい具合に発展しているといえるだろう。

中国は歴史が長いが、教養が足りない

台湾には、「中国本土には歴史はあるが文化がない。台湾には歴史はないが文化がある」という言葉が伝わっている。

つまり、中国本土は数千年の歴史をもつが、人々は教養に欠ける。一方で、台湾は本土ほどの長い歴史はないが、人々は教養がある。ここでの教養とは、礼儀作法や価値観、道

徳心を指す。

この言葉は極端かもしれないが、一理ある。中国本土でもっとも尊敬されるのが儒教の始祖・孔子に対し、台湾人は多くが媽祖《まそ》を精神的な教祖と仰ぐ。

媽祖は数百年前の実在の人物をモデルにしているといわれており、航海の安全を守る神様として崇められている。本土が大陸文化であるのに対し、台湾は海洋文化をもつ。この二つの文化の違いが、本土の人々と台湾人の価値観の違いを生んでいるのだろう。

孔子の教えは、君主に尽くす「忠」のように、不平等な身分制度を助長し上位者への追従を促す点で、毒ともなっているのに対し、媽祖にはそうした説教などはいっさいない。日本人が神社で手を合わせて幸福や安全を静かに祈るのと同じで、媽祖を信じることが大切なのだ。神様は自分の心のなかにあるからだ。こうした単純な信仰は、素晴らしい文化ではないだろうか。

こうした点も踏まえて、台湾では「中国人と台湾人は、どちらが歴史と文化をもっているか」という問いかけが流行しているわけだ。

末っ子と男性器の話

では、中国本土の人は台湾人をどう見ているのだろうか。よくいわれるのは、台湾を末っ子に例えるケースだ。

末っ子は頭が良く、早くから家を出て外でコツコツと頑張っている。そのため、少しずつ生活が豊かになっていったが、家族との連絡は目立って疎遠になっていく。旧正月のような一家団欒を楽しむ大切な日にも姿が見えない。両親が病気で倒れたときも見舞いに来ない。たまに家に帰ってきて家族と再会しても、心を通わせる会話もなく、むしろ険悪なムードで喧嘩になることもしばしば。

しかし、万が一、その末っ子が借金で首が回らなくなったり、不慮の事故に遭ったりするといった困難に直面したときには、家族のみんなが助けようと思っている――本土の中国人には、台湾との関係をこのように捉えている者が多い。

言い換えれば、台湾は昔から中国領土に属しており、いくら離れても喧嘩しても、いつかは統一されなければならないという意識なのである。

また、中国本土を男性に、そして台湾をその男性器に例えることもある。男性器は、とても敏感に反応を起こしやすいもので、ちょっと触られると興奮してしまう。

日本では「下半身には人格がない」ともいわれるが、とかく下半身の問題で、評判を地に落とす男性も少なくない。だから、男は男性器をコントロールしなければならない。勝手なことをさせてはいけない。そして、男性器は男の指示に従わなければならない。中国と台湾の関係を、このように言い表すケースも多い。

本土の中国人にとって「両岸関係」は、非常に神経を尖らせる問題であり、独立は、これ以上超えてはならない「レッドライン」でもある。

にもかかわらず、アメリカなどは台湾問題を利用して中国を脅し、台湾独立派は機会を見つけては、中国本土を挑発している——本土の中国人は、このように台湾問題を考えているのだ。

第3章

中台経済のカラクリと
相互依存の虚実

中国本土と台湾の経済交流を考える際、経済的なデータよりも政治的な打算が圧倒的に決定力をもつことを理解すべきだ。

本土側は中台経済の重要性を、「相互依存」「互利共贏（互いに利益があり、互いに勝者）」「両岸一家親（両岸は一つの家族）」と表現しているが、実際の経済交流は大きく乖離している。

中台貿易では台湾の黒字が目立つ

中台貿易は1990年代から始まり、2003年には中国本土が台湾にとって「1位の貿易相手」「1位の輸出先」「1位の投資先」「1位の貿易黒字発生地」となった。

2009年までの累積貿易額は9636億ドルに達し、本土側の赤字は6189億ドル、台湾側の黒字は5000億ドルだった。

中台貿易は、常に台湾側の黒字、中国本土側の赤字が続いてきた。

2021年の年間貿易額は2731億ドルで、本土側（香港含む）の台湾向け輸出額は842億ドル、台湾側の本土向け輸出額は1889億ドルだった。台湾側の黒字は1047億ドルだ。

2022年は新型コロナウイルスの影響で中国本土の経済が振るわないなか、年間貿易額2714億ドル、本土からの台湾向け輸出額は855億ドル、台湾側の本土向け輸出額は１８５９億ドルだった。台湾側の黒字は１００４億ドルである。

数字だけを見れば、バランスを欠いたビジネスであることは明らかだ。

台湾にとって中国本土は四つの「1位」を確保するビジネス相手だが、中国本土にとって台湾は「7位の貿易相手」「9位の輸出先」「輸入相手先1位」「最大の貿易赤字発生地」（２０２1年）となっており、貿易相手としての地位は低い。

中国本土から台湾への輸出量は総輸出量の１・７％にすぎないが、台湾から中国本土への輸出量は総輸出量の40％近くにものぼる。

２０１７年までの中国本土で許可された台湾資本プロジェクトは9万５２９８件にのぼり、実際に利用された台湾資本は６２７億ドルで、台湾の対外総投資の60％を占めている。これに対し、中国本土からの台湾投資はわずか数十億ドルで、台湾に進出する外資の２％にとどまっている（「新華網」２０１７年11月30日付）。

中国は台湾側を誠意がないと批判

もちろん、中国本土と台湾では、人口も面積もまったく異なる。ただ、日本の対中貿易収支が長年、赤字基調、韓国の対中貿易収支は長年、黒字だったが、近年ではその差が急速に縮小し、韓国の場合には２０２３年に赤字転落もしているなかで、なぜ台湾は大幅な対中貿易黒字を続けているのか。

しかも、2020年には中国の輸入先として、韓国を抜いて1位となり、2021年も2年連続で首位となっている。

その理由の一つは、中国本土による過度の台湾資本誘致と市場開放で、もう一つは、台湾側による過度の貿易保護と投資保護である。

中国本土は、この二つのことが中台経済のアンバランスな現状を招いたと考えている。とくに、過度の貿易保護と投資保護に関しては非常に不満をもっている。

中国側は次のように主張している。

――中国本土と台湾はアジア太平洋経済協力（APEC）と世界貿易機関（WTO）に同時に参加しており（ともにAPECは1991年に加盟、WTOは2001年に加盟承認）、台湾側は平等互恵の原則、最恵国待遇と国民待遇の原則、および投資と貿易の自由化・便利化の原則に則って、中台経済の歪みや不条理な保護策を改めなければならない。中台の間では「経済協力枠組み協定（ECFA）」が結ばれており、協定が定めた基本原則を完全に実施することを強く希望する。

要は、中国側から見れば、台湾側は中台経済交流が健全に発展していくための誠意を示していないということだ。そのことをおもな原因とし、深く憂慮し、台湾側の態度を批判しているのである。

「サービス貿易協定」で経済問題が政治問題へ

ＡＰＥＣとＷＴＯは、いずれも自由、開放、平等の貿易、投資環境を保障する国と地域の経済組織である。これに対してＥＣＦＡは、中台間の経済合作枠組み協定で、全称は「海峡両岸経済協力枠組み協定」（台湾海峡を挟む両地政府経済協力合意の意）だ。

この協定は２０１０年に結ばれ、中台経済交流の基本的原則が定められている。互いに課税、通関、価格、物流、貿易、投資、争議処理などで便宜や公平さを図り、平等互恵、自由開放のビジネス活動を展開しようと訴えるものだが、中国本土が台湾側をかなり優遇する項目が盛り込まれている。密接なビジネス活動によって中台経済の一体化を図り、台湾統一という政治目標の早期実現を成し遂げようとする本土側の狙いが見え見えである。

この協定の締結以降、多くの台湾の農産品が本土に輸入されるようになった。それにともない、台湾の果物は安くて美味しいという、高評価につながった。

また、この協定を基本として、各経済分野にわたる具体的な協議、協定が数多く締結された。ビジネスの活発化により、両岸の経済発展は万事がうまくいくように見えた。

しかし、２０１３年に異変が起こった。それは「海峡両岸サービス貿易協定」が締結されたことがきっかけだった。

「海峡両岸サービス貿易協定」とは、前述のＥＣＦＡから派生した経済協定で、２０１３

年6月に締結された。その内容は、中台双方が旅行、金融、通信、病院、運輸、出版などの市場を条件付きで互いに開放するというものだ。

開放項目の数は、中国80項目に対して台湾64項目で、中国本土のほうが台湾より多い。数のうえでは台湾が得する協定であるため、当初は歓迎する台湾人も結構いたが、次第に風向きが変わった。「貧富の差の拡大」「国内弱小産業への影響」といった懸念の声が強まり、やがて政治問題にまで発展する重大事件を引き起こした。

中台関係を揺るがした「ひまわり運動」

「海峡両岸サービス貿易協定」は、中台の間で締結されたものだが、台湾ではこれを発効するためには、立法院（日本の国会に相当）での批准が必要となる。ところが、台湾ではこの協定への反対の声が日々高まり、そしてついに2014年3月、台湾学生による立法院占拠事件が起こる。

当時の台湾総統は国民党の馬英九《ばえいきゅう》で、ECFAも彼が締結したものだ。親中派といわれる馬英九は世間の声に対応しきれず、「海峡両岸サービス貿易協定」に関する立法院での委員会審議を強制的に打ち切り、強行採決に踏み切ったと伝えられている。

このやり方が学生たちを怒らせた。抗議する学生たちが立法院になだれこみ、24日間にわたって議場を占拠した。この一連の抗議活動は台湾で「ひまわり運動」と呼ばれ、中国本土だけではなく世界中に衝撃を与えた。

なぜ「ひまわり運動」という名称になったかといえば、ひまわりは向光性をもつ植物で、太陽の光をイメージしているからだ。密室政治による「海峡両岸サービス貿易協定」締結の真相を暴露し、台湾の未来が太陽の光に照らされるようにいつも明るく輝くことを期待してのものだと、学生たちは解釈している。

一方、ひまわりが日本をイメージしていると解釈する人もいる。

台湾でのサービス業の多くは日系企業で、台湾人に親しまれている。日系企業の利益が損なわれないように反対運動を起こしたというわけだ。

ちなみに、日本語では「ひまわり運動」と訳されているが、台湾語では「太陽花運動」という。台湾人はひまわりと太陽花を混用する向きがあるが、中国本土では使い分けがされている。太陽花はサンフラワーのことで、ひまわりとはまったく違う植物だ。ひまわりよりもっと強い向光性をもつ植物で、太陽が出ない曇りの日などには、花が咲かない特性がある。

若者らが現状に不満、将来を危惧

前述したように、中国本土と台湾はＡＰＥＣやＷＴＯに同時加盟したが、とくにＷＴＯ

加盟後は中台の分業構造が一気に加速した。

つまり、台湾国内で行われていた商品製造の主力工場を中国に移転し、台湾から輸出した部品を中国で組み立て、製品が世界に向けて輸出されるようになったのだ。

わかりやすくいえば、台湾側が受注を受け、中国本土で組み立て、海外へ輸出するという加工貿易だ。

そして、馬英九政権になってから、ＥＣＦＡが代表するように、中国資本が台湾市場に参入することが初めて可能になった。

少しずつではあるが、扉が大きく開かれることになったわけだ。こうして、中台の経済相互依頼関係が深まっていった。

両岸サービス貿易協定をめぐる「ひまわり運動」は、そうした矢先に起こった。

台湾人、とくに台湾の若者たちは、中台の経済関係の進展を快く受け入れられない。台湾産業の空洞化、貧富格差の拡大、少子化による消費市場の衰退、経済不振による雇用状況の悪化などは、彼らに政治への不満を募らせ、グローバリズムへの懐疑をより強めさせた。

中台関係が必要以上に深まれば、台湾側が中国側に妥協的になり、いつかは呑み込まれてしまうのではないか。中国共産党の資本により大手メディアが牛耳られ、言論の自由が奪い取られるのではないか。台湾の若者たちはこんな危惧を抱いているのである。

大陸の国民党が台湾に渡ってきてから、すでに80年近くが経とうとしている。当時、大陸から移り住んだ新・台湾人を「外省人」と呼ぶが、彼らも3世代、4世代となり、台湾に生まれ育った若い世代は、強烈な台湾アイデンティティをもち、台湾以外に祖国があるなどとは夢にも思わない者も多い。

台湾の国立政治大学選挙研究センターが行う「台湾人・中国人アイデンティティ」調査によれば、1992年には自分のアイデンティティを「台湾人でも中国人でもある」が46・6％、「中国人」が25・5％、「台湾人」が17・6％であった。

これが30年後の2023年になると、「台湾人」が61・7％、「台湾人でも中国人でもある」が32・0％で、「中国人」はわずか2・4％にまで低下している。

とりわけ、みずからのアイデンティティを「台湾人」と考える若者は、「天然独」（生まれながらの台湾独立を志向する者）と呼ばれており、いずれ彼らの動向は台湾の将来を左右する大きな政治的な推進力になると目されている。

とはいえ、現状では、独立派はそれほど多くはない。同センターによる台湾一般市民調査では、「永遠に現状維持」が33・2％でトップ、「現状を維持し、将来に再び判断する」が27・9％、「現状を維持し、独立を目指す」が27・9％となっている。

これに対して「すぐに独立」は3・8％、「すぐに統一」は1・2％しかない。

つまり、「独立せず、統一せず」という現状維持派がもっとも多いわけだ。

イデオロギー・文化の違いから分かれる「中国人」と「台湾人」

2024年1月に、筆者は台湾で総統選の現場を取材し、台湾の親戚とも会った。筆者の父親は台湾生まれ台湾育ちで、先祖は360年前に鄭成功将軍と一緒に福建省から台湾に渡った武将の1人だったそうだ。親戚は父親の弟の子供で、筆者と同じ70歳に近い年齢だ。

自分は何人だと思うかと親戚に聞いてみたが、親戚は「自分は原住民だ」と答えた。台湾では、山地や東海岸、離島に数千年にわたって居住し、漢人への同化が進まなかった民族の人々を、「原住民」と呼んでいたが、まさか自分の親戚も原住民に属すると思っているとは思わず、少々驚いた。つまり中国大陸とは関係がないと、親戚は言いたいのだろうか。自分たちは「台湾人」よりも歴史をもつ、非漢民族の台湾開拓者であるということを主張したいからだろうか。

先祖は福建省から台湾に渡ったのだから、中国人であることは間違いないだろうと筆者は考えているが、やはり、イデオロギーの違い、体制の対立、文化の異化などによって、互いに心の絆が薄まっていくということであろう。

中国本土が台湾に対して抱える「弱み」

台湾と中国本土の貿易の歪みについては前述したが、実は中国本土側には、その最大の原因となっている「弱み」がある。

それは、中国本土の産業が台湾製半導体チップを大量に必要としているということだ。かつて中国の輸入額１位は石油であったが、現在では半導体チップに取って代わられている。中国の２０２１年の石油輸入額は約２５７０億ドルだが、半導体チップは約４３００億ドルだ。しかも、その輸入先の１位は台湾で、36％を占める。

中国では、センサー、モノのインターネット（ＩｏＴ）、ロボット工学、人工知能（ＡＩ）などが代表するグローバル情報化技術の開発が急速に進められており、集積回路に対する需要が拡大し、市場も貿易も膨らんでいる。

中国にとって、台湾と韓国はおもな集積回路の輸入先であり、新型コロナウイルス流行初期の２０２０年１～９月、中国は台湾と韓国から、それぞれ８７４億ドル（前年比23・5％増）と５０１億５０００万ドル（５・８％増）相当の集積回路を輸入していた。台湾からはＣＰＵの輸入がメインで、韓国からはメモリの輸入がメインだという。

中台貿易では、半導体チップ、集積回路、電子部品以外に、何が取引されているのだろうか。

中国から台湾向けに輸出されるものには電気機械、音響映像製品、化学工業製品、卑金属製品、光学式医療器具製品などがある。

一方、台湾から中国本土向けに輸出されるものは、前述の半導体チップ以外に、電気機械、音響映像製品、光学式医療器具製品、プラスチック、ゴムおよび製品、化学工業製品などだ。

互いに同じようなものが売買されているが、これは同じ種類のものであっても用途によって異なる製品がたくさんあり、加工にいくつかの中台メーカーの手を経ていることも考えられる。

これは、中台経済の一体化が進んでいることの表れでもあるといえるだろう。

台湾は「シリコンの盾」で戦争を止められるか

再び、半導体チップの話に戻ろう。

現在、中台関係は台湾独立をめぐり、かなり緊張している。一方、中国本土の一部では、「台湾が中国本土から離れた場合、台湾経済は崩壊してしまう。だから、独立はありえない」と楽観視する向きもある。

台湾の半導体チップを中国が買わなくなると、買い手がいなくなり、基幹産業が衰退して台湾人は食っていけなくなる——このように考える人が少なくないのだ。だが、それはむしろ逆かもしれない。

２０２３年3月16日、ＴＳＭＣの張忠謀前総裁は話題作『Ｃｈｉｐ《チップ》 Ｗａｒ《ウォー》』（邦題『半導体戦争』ダイヤモンド社）の作者クリス・ミラーとの対談で、「アメリカが半導体輸出規制についての関連法案を可決し、中国の半導体産業の発展テンポを緩めようとしている。私はアメリカの政策を支持している」と発言したが、中国本土からは、これに多くの怒りの声が上がった。

アメリカが中国への半導体輸出規制を発表して以降、張忠謀前総裁は沈黙を守ってきたが、初めて「アメリカ支持」の立場を表明したのである。

『Ｃｈｉｐ Ｗａｒ』は、半導体および関連技術が地政学的にどのような役割を果たし、米中競争のなかでどのようなかたちで利用されているかを語った一冊である。

少し前の話だが、２０２２年10月、張忠謀前総裁がアメリカＣＢＳテレビの報道番組「60ミニッツ」に出演したことがあった。「シリコン（半導体の主要素材）の盾」について質問された際、「経済の安定を優先に考慮する人なら、武力行使を選択することに躊躇するだろう」と発言して、みなの関心を集めた。

彼が語った「経済の安定を優先に考慮する人」とは、中国の最高指導者を指しているのではないかと話題になった。ここで語られた「シリコンの盾」とは、一国の経済にとって半導体の役割がいかに重要であるかを認識させ、半導体を「盾」にすることで、武力による台湾統一を阻止できるという意味だ。

ハイテク技術で中国を困らせることができるのか

ＴＳＭＣの半導体チップ製造の実力は、たしかに抜きん出ている。世界市場の占有率は80％に達し、ほぼ独占状態だ。「産業のコメ」とも呼ばれる半導体チップは、西側先進国に追いつこうとする中国の各産業にとって、必要不可欠のものとなっている。そして、中国は半導体チップを台湾からもっとも多く輸入している。

「台湾製半導体チップの供給が止まれば、中国経済が空転してしまう」という言い方もあるほどだ。

しかし一方で、中国本土では、以下のような反論もある。

たしかにＴＳＭＣは優秀な半導体製造企業だが、ほかにも、サムスン、インテル、ラティスセミコンダクターのような世界で有名な企業、さらには中芯国際集成電路製造（ＳＭＩＣ）、華虹半導体のような中国国内大手企業もある。これらの企業とＴＳＭＣを製造技術で比べれば、前者は10ナノまでのチップを製造しており（一般的に中国製は14ナノまでとされている）、後者は5ナノ以下のチップを製造している。

より小さなナノ単位のチップを製造できるほうが技術的に優れており、たしかにＴＳＭＣが優位だが、ただし、5ナノ以下のチップにそれほど多くの需要があるのか？――こうした疑問が投げかけられている。

アップルのiPhone 14 ProはＴＳＭＣが製造する４ナノのチップを使っている。５ナノチップのiPhone 13 Proより性能は向上しているが、驚くほどでもない。いくつかの機能を除けば、全体的に動作に大差がないと、多くのユーザーが感じている。５ナノのチップでもユーザーの要求に十分に応えられるし、携帯やパソコンは、機能過剰のきらいすらある。

５ナノ以下のチップは、実用価値より広告効果を狙って使用されている傾向が濃厚だ。ほとんどの電子製品は10ナノ以上のチップで十分に間に合っているのだ。だから、ＴＳＭＣがなくても、中国はそれほど困らない。

ＴＳＭＣのチップ供給をめぐって、一部の中国人から以上のような意見が出ている。たしかに現在では、ハイテク技術が日常の隅々にまで浸透している。便利である一方、過剰な面も否めない。

中国は数十年の経済発展を経て、いまではほとんどのジャンルの製品を自力でつくれるようになった。最高水準の質を求めなければ、それほど困ることもない。この意味では、筆者はこれらの意見に同意する。

２０２３年８月、ファーウェイはスマートフォン「Mate 60 Pro」を発表した。これが世界のスマートフォン業界に大きなショックを与えた。「Mate 60 Pro」に、ＳＭＩＣが独自生産した７ナノメートルプロセスの半導体「麒麟（Kirin）９０００Ｓ」が搭載されていたからだ。

「この半導体チップは本当に中国がつくったのか?」と、日米欧は色めき立った。中国が半導体製造の実力を見せたというわけだ。

ただし、ファーウェイ側はこのチップがどのようにつくられたかについて、コメントをいっさいしていない。そのため、中国への輸出が禁止されている製造装置を他国から「迂回輸入」したのではないかという噂や、産業スパイの存在など、疑問の声も絶えない。

日常化する中台の経済制裁合戦

中台経済は「相互依存」というより、「相互疑心」と表現するほうが適切かもしれない。政治的要素が絡み合い、経済関係の平穏な進展は難しい。これまで政治事件が経済制裁に発展した例は数多い。

たとえば、2022年8月にアメリカのペロシ下院議長(当時)が台湾を訪問したことをきっかけに、台湾海峡の緊張が高まり、経済関係が急速に冷え込んだ。人民解放軍による大規模軍事演習が実施され、厳しい経済制裁も施行された。

中国本土は台湾向け天然砂の輸出を停止し、台湾産ミカン、橘、アジ、タチウオなどの輸入も中止した。

公式理由は天然砂採掘が環境破壊につながる危険性と、輸入禁止の海魚から新型コロナウイルスが検出されたということだった。

天然砂のうち、川砂は透水性が良く建材に広く使われるが、台湾は海砂産出が主で、塩化ナトリウム含有量が多く腐蝕性があるため建材に不向きだ。天然砂は再生資源ではない。海砂で建材をごまかすと建築物の安全性が脅かされる。だから、中国産の天然砂が必要なのだ。

また、台湾の農産品輸出は２０２１年に56億７０００万ドルで、中国本土が最大輸出先だ。香港への輸出を含めると、農産品輸出全体の３割を中国が占め、ミカン、橘などの果物は86％が中国本土へ輸出される。また、輸出品では魚類などの水産品がトップとなっている。

２０２３年3月15日、中国税関総署は半年以上停止していた台湾産アジ、タチウオなどの海魚の輸入再開を許可した。

同年3月末、馬英九元台湾総統の中国本土訪問という、中台にとっての一大政治イベントが予定されていた。そこで、中国本土側は禁輸解除で好意的な態度を示し、翌２０２４年１月の台湾総統選に向けて融和的姿勢をアピールし、台湾内の対中警戒感を和らげる狙いがあると報じられた。

また、中国本土のゼロコロナ政策見直しも、輸入再開の一因となった。

「両面人」に処罰

中国本土の人々が中台経済問題について話すとき、「両面人」という言葉をよく使う。これは中国本土で大きく稼ぎつつ、台湾独立を支持して中台統一を妨害しようとする二面性をもつ台湾の商人を指す。

このような「両面人」は決して少なくなく、中国本土では重要な経済投資を考慮しつつ、これらの人物への対応に頭を悩ませている。

たとえば、台湾3大工業グループの一つ、遠東グループの創始者である徐有庠《じょゆうしょう》と息子の徐旭東《じょきょくとう》は典型的な「両面人」と見なされている。

徐有庠は江蘇省の生まれで、1949年、国民党が台湾に撤退した際、資産をもって台湾へ渡った。台湾で遠東グループを設立し、紡績、エネルギー、化学製品、建材、金融、電信など多岐にわたる分野で事業を展開し、現在では大手企業グループの地位を確立している。

財を成した徐有庠は、国民党政権を支持し、多額の政治資金を提供してきた。徐有庠は2000年に死去したが、会社の経営を受け継いだ息子の徐旭東はのちに台湾独立を目指す民進党支持に転じ、2020年には32人の民進党候補者に合計4100万台湾ドルの政治資金を提供したと報じられている。

民進党は中国本土でもっとも嫌われている。人前で冗談でも「民進党にも良い点がある」などと言ったら、売国奴と見なされるほどだ。

２０２１年11月、台湾遠東グループの中国法人に、行政管理部門から5億元近い罰金が科された。その理由として、経営上の不正があったとされるが、台湾では、中国政府による圧力だという声も少なくない。

中国輸出の半分を占める台湾企業

いうまでもないが、中国は世界最大の貿易国だ。ＷＴＯによれば、２０２１年の中国の輸出入総額は6兆５１０億ドルで、アメリカを29％上回り、日本の4倍にもなる強さを示している。

だが、この結果には中国本土の台湾企業が大きく貢献している。

２０２０年の中国の対外貿易輸出金額ランキングでは、上位10社のうち、フォックスコン、ＡＳＵＳ、クアンタ・コンピュータなど6社が台湾企業で、残り4社はファーウェイ、中国石油天然ガス集団有限公司などの中国本土系企業だった。

つまり、10位の半数以上が台湾企業なのだ。

輸出金額ランキング１００位では、台湾企業の存在が一層際立つ。前記の企業に加え、英業達、仁宝など、全体の3分の1に相当する31社が台湾企業なのである。

中国本土の2億人以上を雇う台湾企業

中国の改革開放政策は、1978年に鄧小平が提唱し、1980年代以降、人民公社の解体などとともに本格的に推進された。

当時の経済状況は非常に厳しかった。6億5000万人の農民は、衣食には困らないものの、土地が極端に少なく、働く場所が不足していた。社会問題として余剰労働力の処遇が急務となった。

都市部では、破綻寸前の国営企業が人員削減を迫られ、リストラ対象の労働者は4000万人に達していた。これらの人々も就職先を探していた。

そんななか、台湾企業が本土に進出してきた。1980年代当時、外資企業といえば、おもに台湾企業のことを指していた。香港企業も存在したが、規模では台湾企業に及ばなかった。日本企業やアメリカ企業など、ほかの外資が進出してきたのは90年代後半になってからだ。

台湾企業は、日本企業から学んだ生産や品質管理のノウハウを活かし、「同じ中国人」という共感や認識を利用しながら、中国本土でビジネスを成功させた。当時(1990年代以降も含めて)、中国本土で名を馳せた台湾企業としては、フォックスコン(ファウンドリー)、ASUS(パソコン)、クアンタ・コンピュータ(パソコン)、英業達(パソコン）、友達光電（TFT－LCD）、奇美電子（TFT－LCD）、頂新（食品）、統一（食品）、宝成（スポーツ用品）などがある。

統計によると、1990年から2021年の間に、台湾企業8万社が中国本土で4万4577件のプロジェクトを実施、1940億ドルを投資し、8000万人の労働者を雇用した。

間接的な影響も含めると、台湾企業の進出により2億人以上が就職の機会を得たことになる。これらのデータを見れば、改革開放初期に台湾企業が果たした経済的役割の重要性は明らかだろう。

台湾企業撤退の嵐

ところが、2008年頃から風向きが変わり、台湾企業は苦境に立たされるようになった。台湾企業は撤退を始め、次々と東南アジアやインドへ工場を移した。

そのおもな理由は、次のようなものだ。

①労働力コストの増加。2007年に「中国労働契約法」が施行され、基本給が上昇し、福利厚生の基準も高まった。これは法律による強制実施であり、台湾企業にとっては製品コストの増加を意味した。1995年と比較して、コストは15倍に膨らんだ。

②外資企業に対する優遇税制の廃止。以前は外資企業の平均税率は13％だったが、新しい納税制度で本土系企業と同じ30％に引き上げられた。さらに、製品輸出時の税還付も17％から13％に引き下げられ、企業利益が減少した。

③人民元の切り上げによる輸出取引コストの増加。

④インフレーションによるコスト増。原材料や燃料の購入価格指数は２００３年から28ポイント上昇したが、工業製品出荷価格指数は０・８ポイントしか上がらず、利益が減少した。

⑤ビジネス拡大への制限。土地使用（工業用地）が厳しく制限され、環境保護対策も企業に課される審査項目となった。

これらの理由により、台湾企業の撤退が加速し、２０１５年にはピークに達した。台湾企業が集中していた広東省東莞《とうかん》では、かつて６０００社あった台湾企業が２０１５年には４０００社に減少し、製造業を中心に、破産や海外移転で3分の1が消滅した。とくに電子業界で破産した会社が多かった。

台湾当局の統計数字によると、１９９１年から２０２２年までの対中投資金額は２０３３億ドルで、31年間で平均年60億ドルである。しかし、２０２３年の対中投資金額は、30億ドルにまで下がったという。

共存共栄の終わり

台湾企業の破産や撤退によるトラブルは後を絶たなかった。企業が密かに工場売却を進めるなか、労働者たちがストライキを起こし、仕入れ先が支払いを求めて訪れるケースや、社長が夜逃げし、数千人の労働者が一夜にして失業する事態も発生した。

台湾人社長にとって、優遇税制の廃止や人民元の切り上げなどによる打撃に加え、増え続ける労働者のストライキも不安の一因となった。知的所有権の不備、偽造品の横行、企業技術の盗用も大きな問題だった。

さらに、ファーウェイ、レノボ、華星光電、京東方科技集団（ＢＯＥ）など、中国本土の企業が国際競争力をつけ急成長してきたため、台湾企業のシェアが縮小した。

中華徴信所（ＣＲＩＦ）の調査では、２０２０年、有力な台湾企業１０００社のうち、営業収入が前年比で増加した会社は半分に満たず、税引き前の利益も20％減少した。

２０２３年４月、中国商務部は台湾の対中貿易制限措置に関する「貿易障壁」について正式に調査を開始した。対象は半導体、農産品、紡績製品、化学工業製品など２４５５項目に及んでいる。

2024年1月から調査の結果が少しずつ出ている。同年1月2日に「華夏経緯網」(中央政府系のサイト)は、中国商務部は長期間の調査を経て、台湾の対中貿易の制限措置をめぐる「貿易障壁」の事実があると認定したと報道した。

調査結果によると、台湾は大陸から農産品、卑金属および製品、紡績原料および製品などを含む2509項目にわたる産品と製品を輸入することを禁止しており、金額は44億8000万ドルに達している。

対抗措置として、大陸は台湾からプロピレン、パラキシレンなど12項目の商品を輸入する際、ECFAで優遇される税率の適用を中止する。

この対抗措置は、「台湾の化学工業にとって痛い打撃を与える」と大陸の有識者が言う。事態の推移によって、中国側は台湾側を相手取ってWTOに提訴することも考えているという。

「中台経済が共に繁栄する時代は終わった」という言葉が、いま双方の経済界で囁かれている。

第4章

中台戦争が起こる可能性

台湾はなぜ「国」になれないのか

資料を調べていたら、野嶋剛著『台湾とは何か』（ちくま新書）という面白い本を見つけた。

本書は台湾の社会や政治状況、日本・中国との関係などを分析したものだが、著者は日本の大学などで台湾をテーマとした授業や講演を行っており、しばしば講義前に学生に「みなさんは、台湾は国だと思いますか」と尋ねるそうだ。

本書を読みながら、「台湾は独立国だ」と答える学生が多いのではないかと思ったら、なんと、「台湾は国だと思わない」と答える学生が7割もいるという。

少々驚いた。日本の若者たちは国際政治の世界に疎いと、筆者は勝手に勘違いしていたからだ。

台湾を国だと思わない理由は、「国連に加盟していない」がもっとも多く、そのほか、「日本と国交がない」「中国の一部だから」などに集中しているそうだ。

たしかに、台湾（中華民国）は国連のメンバーではない。前述したように、1971年、国連で中華人民共和国を中国の代表とすることが決定し（アルバニア決議）、国連安全保障理事会常任理事国の座は中華民国から中華人民共和国へと移った。当時の蔣介石総統はこれに憤慨し、国連からの脱退を宣言して、現在に至っている。

２０２４年1月末現在、台湾と外交関係がある国は、全世界１９７カ国のうち12カ国しかない。

とはいえ、台湾は国家としての要素（条件）が全部揃っている。憲法もあれば軍隊もある。領土もあれば政府もある。独自の通貨をもち、台湾のパスポートがあれば世界中のどこへでも行ける。台湾にないのは、国連加盟国の資格だけである。

世界では、台湾のような例は非常に珍しい。

台湾の政府は、みずからの国名は「中華民国」であると主張する。

もっとも、台湾は日本の敗戦により台湾の施政権が蔣介石率いる中華民国政府に移り、さらに国共内戦で国民党軍が共産党軍に敗れ、台湾へと逃れて台北に首都機能を移転したことで、現在は台湾だけが中華民国の支配する地域になったのである。

つまり、台湾の中華民国は、何もないゼロからスタートしたのではなく、大陸にいた中華民国が大陸を追い出されて台湾に根を下ろしたものなのだ。そして、アメリカの軍事保護、経済支援によって70年以上も生き残ってこられたわけである。

国のかたちが整っている台湾だが、国として認められているわけではない。「一つの中国」をめぐり、中華人民共和国とどちらが中国を代表しているかを争ってきたが、台湾が正当な外交関係をもつ国はすでに12カ国しかなく、世界中のほとんどの国は毛沢東が創立した中華人民共和国と国交を樹立している。これが現実なのである。

その理由は簡単だ。国際政治のなかで、中華人民共和国のほうが台湾より重要な存在だと世界諸国から思われているからだ。少なくとも国交樹立の当初はそうだった。

このように、中華民国はかつて中国本土に存在した政権が、首都機能を移しただけであり、中国本土とは別の体制で70年以上も存続しているが、出自は中国なのだ。

そのため、台湾に逃れた蔣介石は「大陸反攻」（失った大陸の地を奪い返す）を掲げていたし、国連でもどちらが中国を代表するかで争ったわけだ。

仮に、蔣介石が夢見たように、国民党が大陸から現政権を追い出すことに成功すれば、中華民国が中国を代表することになっただろう。

ただし、中国本土の政府は、まったくこのようには考えていない。1949年に中華人民共和国が成立する時点から、中華民国という国号をもつ「国家」はすでに存在していないと宣言したからである。中央人民政府は、中華人民共和国を代表する唯一の政府だと主張している。

話がややこしいかもしれないが、少なくとも台湾は独立宣言を行ってはいない。そのため、現在もなお台湾が中国の一部であることは、疑いの余地がないのだ。

かつて中華民国には毛沢東の「国」があった

一方、台湾と対照的なのはパレスチナだ。

パレスチナは国家であり、世界の100以上の国々と外交関係をもっている。しかし、パレスチナの国連加盟は許されていない。自国の貨幣もなければ、パスポートもない。いずれもイスラエルの貨幣とパスポートを使っている。

そのため、ある地域の政権に対して、それが国か国でないかという判断は、そう簡単にできるわけではない。国であっても国連加盟が承認されない場合もある。難しいところである。

いま、中国政府は台湾側に向かって「一国二制度」を呼びかけている。香港と同じように地方自治を許し、北京の中央政府が主権（外交）、軍権を握る以外は、何でもいままでどおりにやればいいという趣旨の提案である。

台湾側はこれを拒否し続け、中国政府は台湾側が祖国統一の大業を阻止していると批判しているわけだ。

実は、似たことが昔にもあった。

１９３１年、中国共産党は中華ソビエト共和国という国を成立させた。首都は江西省瑞金で、国家主席は毛沢東である。領土もあり、首都もある。憲法、国歌、国旗、議会、銀行、貨幣などもある。人口は３０００万人にも及んだ。のちに少数民族の地方政権が参加するために連邦制に変わった経緯がある。

１９３７年、中華ソビエト共和国は歴史的使命を終えて「中華民国」の地方政府（陝甘寧辺区政府）に移行すると発表された。それにともない、軍隊も改編された。

その背景には、国を挙げて抗日戦争に挑むために、１９３７年に国民党と共産党が手を組む「国共合作」が合意されたことがある。

要するに、それまで大陸では、毛沢東政権と蔣介石政権が敵対し並存する「一国二制度」だったが、抗日戦争が起こったために毛沢東の国家が蔣介石の中華民国に吸収合併されたのだ。

ただし、毛の軍隊は改編、改称されたものの、指揮権は蔣介石に渡さなかった。そのため、抗日戦争後、毛の軍隊は国共内戦に参加し国民党軍を破り、蔣介石を台湾にまで追い込んだ。皮肉な反転劇だった。

「50年保障」:中国人の時間感覚

少し話題が逸れるが、「一国二制度」に関連するある数字の話をしよう。

中国政府は香港、マカオ、台湾についてふれるたびに、「50年間は現地の生活、経済、法律、政治などに関して、いままでどおりに何も変わらないことを保障する」と述べてきた。

そこで、疑問を抱く人は少なくないだろう。とくに、外国のマスコミや評論家は次のように問いただすだろう。

「50年保障するというが、50年のあとはどうなるのか。社会主義に呑み込まれ、自由がなくなるのか」

「50年という時間設定には何か理由があるのか」

まず、「50年」という数字設定は、１９８４年にイギリスとの間で結んだ英中合意文書に、50年は一国二制度を守ると書いてあることが元になっている。だが、これは法的な根拠に基づいて慎ましく割り出したものではない。

中国人は数字に対していい加減なところがよくある。「50年」というが、この数字は概数であって確定数ではない。つまり、適当にいっているだけである。

たしかに、１９９０年に公布された「中華人民共和国香港特別行政区基本法」の第一章第五条には「50年の間変えない」ことを明記している。立派な法律であることに間違いないが、「50年」の数字はとくに正確な時間を意味するわけではない。

鄧小平は、「50年」について次のように語ったことがある。

「われわれは50年という時間を使っているが、時間の長さを言い表そうとするだけだ。50年の間は変わってはならない。50年のあとは変わる必要がなくなるのだろう」

この話は中国人の時間感覚をよく表している。短くも長くもいわない、適当な数字を選び、あとは流れに任せるというやり方だ。中国人にとって「50年」とは相当に長い時間であり、最大の誠心を表す数字でもあるのだ。

香港が一夜のうちに社会主義になるなどとは、とても考えられない。

2020年の香港国家安全維持法

問題は、中国国内の法律ではなく、中国とイギリスが1984年の中英合意文書で、1997年の香港返還後、集会結社の自由や表現の自由、報道の自由などを保障し、50年間は一国二制度を変えないという合意文書に署名していることであった。

これに対して、海外では疑問や反発の声が多くあがった。50年も経っていないのに、なぜ多くの「自由」が失われるのか、約束が守られていないではないかと、かなり強い不信感が表明された。

これに対し、中国人の認識は次のようなものだ。

一、中英合意文書は、香港社会の制度を決めるものではない。香港行政支配権の引き渡し手続きに関する英中間の実務合意書である。合意文書（付属協議を含む）をよく読めば分かる。

二、「50年」について書かれているが、実はこれは中国側が一方的に意思表明をしたものであり、誰にも約束はしていない。国際的協議文書では、双方の主張を並べるだけで、相手に承諾する文句が書かれない実例が多くある。中英合意文書の正式名称は「中英の香港問題に関する共同声明」であり、双方の言い分を並べるレベルのもので、すべての内容について合意しているわけではない。

三、２０１７年6月、中国外交部は、イギリスからの反発を受け、「香港返還から20年も経っており、中英合意文書はもう失効している」というコメントを発表した。
以上が、中国人の認識と中国政府の立場である。外交関係は一夜のうちに断絶することもあるため、合意文書といっても、中国人や中国政府はそれほど信頼していない。実際、西欧諸国が歴史上、外交上の合意文書を誠実に守ってきたかどうかということについても、懐疑的なのだ。

一方、貿易取引や借款契約などは、銀行の保証が付いているため、一応、信用に値するとも考えている。

２０２０年の香港国家安全維持法は、事実上、一国二制度の廃止であり、これは国と国の約束を破ったことになる、と西側諸国は批判している。だが、中国側の認識は違う。

２０１９年に香港で大規模な暴動が起こり、その後、取り締まりが厳しくなった。最初は逃亡犯条例改正への反対や普通選挙を求める民主化運動であり、北京も条例改正を撤回すると譲歩した。しかし、香港の若者たちの民主化運動が過激なものになっていってしまった。

街を占領し、中国大陸観光客を殴打し、中国系の店に放火するなど、とても民主化運動とはいえない暴力的な活動が繰り広げられていたことは、中国本土側から見れば「香港独立」を目指す運動にほかならなかった。

50年であろうと１００年であろうと、香港問題は中国の内政問題であり、外国勢力からの干渉を断乎として拒否するというのが、中国政府の基本的立場である。香港問題は別次元の問題へ「香港独立」の動きが強まることは中央政府の警戒心を高め、香港国家安全維持法の制定であった。と発展していった。それが2020年に施行された香港国家安全維持法の制定であった。

2020年7月、イギリスは、1997年の香港返還以前に生まれた香港市民がもつことができるイギリス海外市民パスポートの保持者とその扶養家族、約300万人に対して、イギリス移住と市民権獲得への道を開いた。2021年1月からの2年間で、香港からイギリスへの移民は14万4500人に達している。一方、中国はイギリスの対応は「国内干渉」だとして反発している。

また、台湾では中国政府が台湾に申し入れている「平和統一」「一国二制度」に対し、信用できるものではないという拒否感がますます高まっているのも事実である。

中台戦争の憶測が広がる

筆者は仕事の関係で、20年間、中国に長期滞在していた。年に2~3カ月ほど日本に戻って暮らすということを繰り返してきた。

だが、2019年末に日本に戻り、翌年2月頃に中国へ向かう予定だったものの、コロナ禍に遭遇したために一時的に中国へ行けなくなり、ようやく飛行機に乗れたのは2年後の2021年末だった。

筆者の中国での居住地は上海にあるが、久々に再会した隣近所や町の友人たちと話に花を咲かせた。ゼロコロナ政策期間中の暮らしなどの話題が多かったが、日本のことや台湾のことも多く聞かれた。

とくに台湾問題については、中国による武力行使について、話が集中した。

「もしも中国が台湾に対して武力による統一を行えば、日本が中国を攻撃するという話をよく聞くが、本当だろうか」

「中国は数時間で台湾を壊滅させられる軍事力があるというが、これは事実なのか」

ある日、ごみ捨て場に行ったら、資源ごみの回収をする中年女性にも、いきなり聞かれた。

「まもなく中台戦争が起こると聞いていたが、どうすればいいだろうか」

いままで面識のない女性で、しかも最貧困層の彼女たちでさえ、大きな不安を抱えていることに、胸が締めつけられた。

中国社会は全体として安定しているし、戦時動員や物資準備を急ぐ気配も感じられない。しかし、少なからぬ一部の民衆の間に戦争の暗い影が忍び込んでいることを実感し、驚いた。

「日本が攻撃してくる」という噂は、おそらく２０１５年に成立した日本の「安全保障関連法」のことをいっているのだろうと思われたが、説明するのに苦労した。

「中国人と中国人は戦わない」

筆者の交友関係は狭い。だから、ここで取り上げる民衆の言葉が中国本土の人の意見をすべて反映しているわけではない。

ただ、現地の人と交流して強く感じたのは、誰もが平和を望み、戦争は嫌だということである。好戦的な意見はまったく聞かれなかった。これは庶民に共通する気持ちであろう。

たしかに、「台湾統一は祖国の神聖なる大業である」というスローガンが声高に叫ばれているが、庶民の生の声には、別の意見も少なくない。

「中国人と中国人は戦わない」

「戦争でひどい目に遭うのは庶民たちだけと決まっている」

このような戦争反対の意見は少なからぬ人に共有されている。

中国人と中国人が戦うことは、同胞が殺し合うことになり、その憎しみはおそらく100年経っても消えないだろう。

また、戦争により庶民が犠牲になるということも、情報社会の現代では、容易に知ることができる。ウクライナ、イスラエルの現状も含め、戦争の映像やニュースは数えきれないほどある。

加えて、統一のために武力行使したら、アメリカの陰謀に嵌ってしまうのではないか、という意見もある。「内戦」によって中国の国力が衰えることは、アメリカを喜ばせるだけだ、という見方である。

一方、中国のネット世論では、武力行使に対して支持一辺倒で、戦争反対の声はあっても弱々しい。武力行使に反対する人たちは、ネットをあまり利用したがらないのである。彼らは、政治の指導者たちが、明日にでも台湾を解放し、祖国統一を実現しようという勇ましい気勢がほしいことを知っているからだ。

ただし、たとえ武力行使に反対の人でも、台湾が独立宣言することについて尋ねたら、それはだめだと答える人が多いだろう。

もちろん、独立して幸せになるなら、それでいいと考える人もいるが、ごく少数派である。多くの人は、時間が解決してくれると思っている。

駐中国大使、台湾有事「想定せず」

日本の共同通信社は、２０２３年１月６日付の記事で、日本の民間非営利のシンクタンク「言論ＮＰＯ」が、２０２２年夏、中国本土で台湾海峡危機についての世論調査を実施したことを紹介した。このような世論調査の実施を中国政府が許可したことは、異例としかいいようがなかった。

記事は次のような内容であった。

「……興味深かったのは、『東アジアが目指すべき価値観』など他の設問項目で、対立よりも不戦や紛争回避を望む中国人の割合が増えていたことです。米中対立の中で紛争の危険性を感じつつ、平和や不戦を求める民意の存在を垣間見ました」

中台戦争という敏感な用語を極力避けようとする苦心が滲み出ており、台湾問題はできるだけ平和裏に解決したいという中国本土の人たちの願望が十分に伝わってくるであろう。

一方、時事通信の2023年3月17日付の記事では、垂秀夫《たるみひでお》駐中国大使（当時）が同日に大分で行った講演で、台湾有事の可能性は低いとの認識を示したことを伝えている。

垂氏は個人的な見解としたうえで、次のように述べた。

「本質的なことで見た限り（中国に）政策の変更はない。予見できる将来、中国が武力で台湾を統一することは想定していない。……台湾問題については習近平国家主席の言葉が大事だ。本当に大事なこととして言ったのか、それとも人民を鼓舞するためだけに言ったのかどうかだ。……将来想定される状況において（台湾有事は）起きないと思っている」

垂氏は中国や台湾での勤務経験が豊富で、外務省きっての中国通として知られる。

一方で日本政府は、台湾有事の際に対応が遅れないよう、準備を進めている。

2023年9月13日付の共同通信は、次のように伝えた。

「防衛省が日本の大使館に相当する対台湾窓口機関、日本台湾交流協会の台北事務所に現役の防衛省職員を派遣し、常駐させていることが13日、関係者の話で分かった。台湾有事への懸念が高まる中、台湾側との意思疎通や情報収集を強化するのが目的。中国が反発する可能性がある。

日本は台湾と国交がなく、同事務所を事実上の大使館として外務省などから職員を出向させている。事務所にはこれまで安全保障担当として退役自衛官1人が駐在していた。関係者によると、今年春、新たに背広組職員が赴任し、2人体制とした」

「日本有事」に激怒する中国人

ここ数年の台湾に関する日本の動きを簡単にまとめてみよう。

2016年、独立志向の蔡英文政権が発足し、中台関係が緊張する。

2018年、国家安全保障会議で台湾有事が日本有事として議論され、尖閣諸島有事の日米共同作戦計画を策定する。

2021年、安倍晋三元首相が「台湾有事は日本有事」と発言する。

2022年、国家安全保障戦略など安全保障関連3文書が改定される。

2023年3月、陸上自衛隊の石垣駐屯地（沖縄県石垣市）が開設され、スタンドオフミサイルが配備される。

2021年に安倍元首相から「台湾有事は日本有事」という言葉が出たとき、中国本土の人々は少々驚いたものの、あまり問題とならずに、ほとんど聞き流していた。

しかし、安保関連3文書が改定され、石垣島に陸上自衛隊の駐屯地が設置されると、日中戦争の再来を疑い、激怒するようになった。なにしろ、石垣島は中国と軍事的に対峙する最前線だからだ。

石垣島は尖閣諸島（中国名：釣魚島）まで約170キロメートル、台湾まで約300キロメートル。ここに12式地対艦誘導弾の能力向上型を含む、各種スタンドオフミサイルが配備されることによって、台湾を囲む海域全体への軍事支援や攻撃防衛が可能となり、宮古海峡の封鎖も容易になる。

台湾問題について、「中国人と中国人は戦わない」と中国本土の多くの人が言うが、ここに日本人が入ってくると、考え方が変わる。

「台湾有事は日本有事」は口だけの言葉ではなく、日本は実際に行動を起こそうとしている——すなわち、日本は再び中国を侵略しようとしている——このように受け取る人が多いのである。

「中国通」といわれる日本人の間では、中国人とうまく付き合うためには「二つの黙る」という秘訣が共有されているそうだ。

一つは「歴史問題」の話が出たら、黙る。

一つは「台湾問題」の話が出たら、黙る。

うっかりして異なる意見を言ったら、一生憎まれるかもしれない、という意味だ。

ある国際情勢専門家は、２０２３年8月からの「福島第一原子力発電所の処理水放出」に対して、なぜ中国が過剰に反応するのかということについて、背景には積もりに積もった〝日本への強い政治的不満〟があると語る。つまり、「台湾有事は日本有事」への強い反発が原因だというのだ。

中国軍が圧勝すると説くアメリカ学者

アメリカのジョンズ・ホプキンス大学のハル・ブランズ教授とタフツ大学のマイケル・ベックリー准教授による共著『デンジャー・ゾーン』は、日本でも訳されている（奥山真司訳、飛鳥新社）。

著者らは、中国が台湾に侵攻したら、中国軍が圧勝すると語る。

中国本土の陸上・空中から発射されたミサイル数千発が台湾、沖縄やグアムのアメリカ軍基地、および空母打撃群の上に降り注ぎ、敵の主力軍に破滅的な打撃を与える。これは台湾にとって絶望的なシナリオだと断言する。

著者は次のように分析している。

中国の国防費は台湾の25倍で、性能の高い戦闘機、軍艦、ミサイルなどの新兵器と軍事装備が次々に開発されている。何千人もの兵士を運搬可能な水陸両用艦などがつくられ、兵力規模は台湾の10倍となっている。

中国の長射程の防空システムは、台湾上空の航空機さえ撃墜できるほど優れている。中国の陸上配備型ミサイルと戦闘機は、台湾の空軍と海軍を一掃し、東アジアのアメリカ軍基地を破壊できる実力をもっている。中国の対艦ミサイルは、西太平洋を航行するアメリカの大型水上艦にとって、非常に危険な兵器である。

中国のサイバー攻撃および対衛星能力は、アメリカ軍の重要なセンサーや人工衛星を機能不全に陥れることで、作戦指揮系統を完全に麻痺させてしまう恐れがある。

一方、アメリカは、中東のテロリストとの戦いやロシアのウクライナ侵攻などへの対応に追われているために、中国に対抗する軍事力増強が思うままにならない。中国の軍事近代化に追いつけていないことは明らかな事実である。へたをすれば、中国との戦争で、太平洋のアメリカ軍は、ベトナム戦争や第2次世界大戦以来の規模となる損失を被ると目されている。

台湾でも不利な状況が現れている。徴兵制が変わったために、現役兵力が27万5000人から17万5000人にまで削減され、新兵は数週間の基礎訓練しか受けられなくなっている。

パイロットの飛行時間は、月に10時間未満である。また、戦車や攻撃ヘリの半数以上が使用不可能な状態で、多くの台湾人兵士が士気の低下に苦しんでいるという（以上は「プレジデントオンライン」に掲載された『デンジャー・ゾーン』の内容をまとめた）。

地理的・技術的に中国側が不利

以上、アメリカの学者による主張を紹介したが、正直なところ、筆者は半信半疑だ。中国軍の圧勝とは楽観すぎるし、制圧はそれほど簡単なことではないだろう。

第２次世界大戦中のノルマンディー上陸作戦を思い出そう。この作戦は第２次世界大戦で最大規模の上陸作戦で、連合軍側はのべ３００万人の将兵を投入、１万３７００機にのぼる戦闘機や９０００隻以上の各型艦艇を出動させたが、ようやく上陸できたのは43日も経ってからだった。しかも死傷者13万人という重い代価を払い、海は兵士の血で真っ赤に染まったという（死傷者については諸説あり）。

軍事研究の関係者によれば、想定される台湾海峡での戦争で中国軍が台湾に上陸することは、ノルマンディー上陸作戦に比べて５倍は困難だという。

まず、台湾海峡の水の流れ、気象は地理的な原因で変わりやすく、把握するのが難しいということである。潮汐と潮流は不規則で、潮差が大きい。最大５メートルにも及ぶ潮差も見られる。

また、モンスーン気候に左右され、天候の変化が激しいという特徴もある。加えて、海流のスピードが速い。最大４ノット（１ノット＝１・８５２キロメートル／１時間）にも達することがある。

このように、台風や高波が猛威をふるう台湾海峡は、実に危険な海域であり、島そのものが天然の軍事要塞となっているといえる。

地理的・地形的にも台湾は守るのに有利だ。上陸するなら海岸線の長い東海岸と西海岸の2カ所だが、東海岸のほとんどが険しい断崖絶壁で、そこからの上陸はほぼ不可能。

西海岸は場所にもよるが、多くは沖合数キロメートルに広がる干潟で、やはり上陸作戦には向かない地形だ。上陸できるような砂浜は10カ所くらいで非常に少なく、深さがないので、大型艦艇が陸地に近寄ることができず、兵士たちは突撃艇でばらばらに前進するしかない。激しい潮流に流されるリスクが大きいうえに、敵に狙われやすいという致命的欠点がある。

ノルマンディー上陸作戦は奇襲作戦だったが……

ノルマンディー上陸作戦は、多くの犠牲を払いながら成功した。しかし、この作戦は決められた戦場で、決められた日に正面から攻撃を行ったものではなく、時間をかけて別の場所で偽の上陸作戦を繰り返し、敵の主力をほかに引きつけてから実行したものであった。すなわち、相手が予想のつかない場所に奇襲作戦を行ったのである。

敵が気づいたときには、ノルマンディーの海には夥《おびただ》しい軍艦が集結し、虚を衝いて上陸作戦を成功させたのである。

だが、台湾への軍事行動はノルマンディー上陸作戦のような、奇襲作戦による勝機はほとんどないだろう。上陸できる場所が限られており、容易に見破られるからだ。ノルマンディー上陸作戦が行われた場所（イギリス海峡）は、海の幅はわずか34キロメートルしかないのに対して、台湾海峡の幅は狭いところで130キロメートル、広いところで400キロメートルもある。上陸作戦を仕掛けるには距離がありすぎで、途中で阻止される可能性が十分にある。

ノルマンディー上陸作戦の実行当時、制海権（圧倒的な海上戦力）と制空権（大規模な爆撃や空挺部隊の投入など圧倒的な空中戦力）は連合軍側が握っていた。にもかかわらず、連合軍が投入した兵力と兵器は戦争史上で最大規模であり、同時に犠牲も多かった。

上陸作戦がいかに困難な軍事行動であるかが窺い知れよう。

現代はハイテク時代である。太平洋に大軍が集まろうとする動きなど、どんなに謀略を施してもすぐに察知されてしまう。偵察機の時代はとっくに終わり、偵察衛星が発達している今日、奇襲作戦などは時代遅れでしかない。

攻撃の規模や日時、場所などについては、ほとんどが事前に把握できてしまう。秘密が残っているのは、武器の性能くらいだ。戦ってみないとわからないことが多いからである。

アメリカは日本とフィリピンに多くの軍事基地があり、東シナ海と南シナ海に重大な軍事影響力を持っている。いざとなれば、南のバシー海峡と北の宮古海峡を封鎖し、中国軍にとって台湾包囲網に欠かせない進軍航路が断たれる可能性は十分にありうる。

他国介入阻止力は十分か

台湾の軍事力は兵力が約17万5000人で、中国本土と比べて10分の1程度にすぎない。しかし、中国が台湾に軍事行動を起こす場合、対峙する敵は台湾だけでは済まなくなる。アメリカ、日本、オーストリアなどの関係国や周辺国、さらにヨーロッパ諸国が参戦する可能性も十分にある。2023年4月には、韓国政府が台湾問題について初めて、「台湾問題は中国の国内問題ではなく、国際問題である」と明言した。

どんなに優れた中国軍事指導者でも、作戦を練るに当たって、他国の参戦可能性を一蹴してしまうことはないだろう。とくにアメリカ軍といえば、作戦経験が豊かで、兵器は世界一流、決して軽視できないことはいうまでもない。

前述したように、ノルマンディー上陸作戦が行われた場所は、海峡の幅はわずか34キロメートルだったのに対して、台湾海峡の幅は狭いところでも130キロメートルもある。

この幅の広い海域において、他国の介入を阻止するためには、非常に多くの軍事力が必要となる。少なく見積もっても、数百機の戦闘機、40隻の駆逐艦と護衛艦、4隻の空母、および20隻の潜水艦などが出動する必要があり、常に空中、海上、海底をパトロールし、敵の侵入阻止に当たらなければならない。

そのようなことは、圧倒的で世界最強の軍事力をもつ国でなければ、無理な話だ。

上陸直後、大反撃に直面する可能性

台湾の軍事誌によれば、中国本土最新型の戦艦は時速60〜70キロメートルで、大陸から台湾まで少なくとも2時間以上はかかる。それも作戦の当日が穏やかな天候であれば、の話である。

台湾の兵力は約17万5000人であるが、予備役動員は100万人以上にものぼるとされている。

アメリカの軍事専門家によれば、中国本土の水陸両用作戦における兵力輸送は、1回につき1万2000人ほどで、たとえ無事に上陸できたとしても、少なくとも5万人の台湾軍による包囲攻撃に直面しなければならない。1対5の劣勢をどう跳ね返すかが、重大な課題であろう。

また、中国空母の出航には48時間かかる。一方、アメリカ空母は3〜4時間で出航することができるとされる。前者が蒸気タービン動力システムであるのに対して、後者は原子力空母だからである。

アメリカ軍と中国軍の能力の差は、まだまだ大きい。

中台戦争を語るにあたって、人民解放軍のロケット砲とミサイルの威力がいかにすごいかが語られることが多い。台湾には中台統一を主張する軍事専門家がいて、よくテレビ番組で、「中国本土からロケット砲とミサイルが飛んできたら、台湾はただちに火の海と化してしまう」と警告している。敵わないので、本土に統一されるのが身のためだという持論が展開されるのだ。

中国のミサイルとして有名なのは、DF（東風）だろう。

前述の『デンジャー・ゾーン』の著者も、中国本土の陸上・空中から発射されたミサイル数千発が台湾、沖縄やグアムのアメリカ軍基地、および空母打撃群の上に降り注ぎ、敵の主力軍に破滅的な打撃を与えることで中国軍は圧勝するだろうと予測している。

だが、ロケット砲もミサイルも、戦争の勝敗を決める決定的な兵器にはならないと指摘する軍事専門家も少なくない。

実際、ロシアによるウクライナ侵攻がそれを物語っている。

2022年2月の侵攻開始以来、ロシアはウクライナに対してロケット砲もミサイルも雨あられのように発射し続けてきた。建物は倒壊し、都市全体が焼滅、地獄のような悲惨な光景が世界中に配信されてきた。

しかし、2年も経過しているにもかかわらず、ウクライナ軍は相変わらず抵抗や反攻を続けており、戦闘力は一向に弱まらない。損失も限定的である。ロシアにとって、戦果らしいものはほとんどない。

ロシア軍はピーク時で1日当たり、3万5000〜5万発の砲弾をウクライナに打ち込んだと伝えられているが、ロケット砲とミサイルに関しては1年で数百万発以上が発射されたと推察される。

それでもロシア軍は勝利をつかめていない。ましてや、広い海を隔てた遠距離ロケット砲の効果は、かなり疑わしい。

台湾には頑丈な地下砦がいたるところに

ロケット砲については、エンジンをもち推進力があるため、飛翔スピードが速く、威力は普通の大砲より強い、車両に多連装が可能といったメリットがある。その一方で、装弾が遅く、命中率も高くない。射程距離は最大４００キロメートルほどだ。

前述したように、台湾海峡は幅が広いところで４００キロメートルである。そのためロケット砲による攻撃の威力は半減するであろう。

ミサイルに関しては、エンジンによる推進力があることはロケット砲と変わらないが、制御装置が付いていて、みずから目的地に飛んでいくということである。

ただし、ロケット砲もミサイルも、破壊できるのは地上にあるものだけで、地中に対しては、爆発によって1～2メートル程度の深さの穴をつくる程度にとどまる。

しかし、ウクライナには地中数十メートルに軍事施設が建設されており、地下通路がはりめぐらされている。頑丈な地下砦がウクライナ軍や市民を爆撃から守っているわけだ。

爆撃が終われば、ウクライナ軍は地上に出てくる。

台湾の地下防空壕は、ウクライナ以上に整備されている。大型地下軍用飛行場も数カ所にある。蔣介石の国民党軍が国共内戦で敗戦して台湾に退いたときから、防空壕を建築し始めたといわれているので、今日まで74年も経過している。

これに対して、ウクライナの地下防空壕はわずか7年の歴史しかない。

そのうえ、台湾経済はアジアの優等生で、財政収入はウクライナを遥かに超えており、資金には余裕がある。

台湾の地形は基本的に山である。平原地帯にあるウクライナより防空壕工事の手間がからない。山にトンネルをつくればいい。ロケット砲やミサイルで山々を爆撃して防空壕を破壊するのは、ほぼ無理だろう。

結局、ロケット砲やミサイル、さらには爆撃機による攻撃をしても、完全に制圧するには、地上戦が不可欠だ。つまり台湾に上陸し、地上戦で勝利して敵の本拠地を押さえることで、ようやく支配が可能となるわけだ。

上陸作戦の勝敗を決める要素は二つある。一つは制空権の確保。一つは地上戦の展開だ。言い換えれば、空中には自国の爆撃機や戦闘機が飛び回り、地上では陸軍部隊が空中支援の下で前へ前へと突撃し、敵を殲滅する。

しかし、あいにく、台湾の防空システムは非常に発達しており、侵入してくるものを素早くキャッチし、近づけさせようとしない。世界では、防空システムの強固さについて、イスラエルが1位とされているが、２位は台湾だと目されているほど定評がある。

台湾の防空施設はいたるところにあり、密度は高く、全土をカバーして死角になる場所がない。世界でもかなり強力な防空体制だといえる。

アメリカの遠隔警報レーダーＰＡＶＥ ＰＡＷＳ（ＡＮ／ＦＰＳ－１１５）を導入しており、ゴルフボールのような小さいサイズの飛翔体が５０００キロメートルも離れた空中に浮かんでいても、ただちに捉えることができるほどの優れた実戦力を有しているといわれる。

迎撃ミサイルも、ＰＡＣ－３（中国語名：愛国者）、ＭＩＭ－72 Ｃｈａｐａｒｒａｌ（中国語名：小檞树）、ＨＡＷＫ（中国語名：霍克）、Ａｖｅｎｇｅｒ（中国語名：復仇者）、天弓系列（台湾製造）など、各種の近距離／遠距離の迎撃ミサイルが装備されており、最長迎撃距離は２００キロメートルにも達すると伝えられている。

中国が軍拡競争の勝者になるという見方も

このように、台湾軍の防御態勢は万全で、攻め落とすのは至難の業ではあるが、それもアメリカによる軍事支援という強いバックがあってはじめて機能するものだ。もしそれがなければ、台湾の安全保障は一転して危機的なものになる。

台湾は数十年来、アメリカから戦闘機やミサイルを購入してきた。金額は毎年約５００

億ドルにも及ぶと伝えられている。

アメリカは台湾と正式な国交関係がないものの、1979年に制定された「台湾関係法」に従い、台湾の安全保障には今後も関与していくと主張している。

だが、台湾では懐疑的な声がかなり上がっている。中国本土の人民解放軍が侵攻してきた際に介入するか否かについて、アメリカはいままで明言を避けてきたからである。アメリカは台湾問題に関して、「戦略的曖昧さ」政策を取っている。

一方、中国本土側は、台湾の軍事力レベルや、武力を行使した際の勝算、戦争遂行による本土側の代償などについて、よく知っている。台湾を攻め落とすことの難しさ、そして仮に攻め落とせたとしても、支配を維持することの大変さについて、誰よりも理解しているだろう。だから、よほどのことがなければ、決して軽率に武力行使に踏み切ることはできない。もしも失敗すれば、政権にも大きな打撃となってしまう。

言い方を変えれば、戦争をするつもりがあるなら、5年前にでも開戦するはずであった。中国軍は2012年に空母・遼寧号が進水し、2016年に五つの戦区設置が完了（アメリカ軍式）、2017年に双発ステルス制空戦闘機「殲20」が実戦配備された。もしも野心があれば、建国70周年にあたる2019年に戦争を行っていてもおかしくないわけだ。

一方、国際社会では、中国が急速に軍備の現代化を進めており、軍拡競争の勝者となりうるだろうという認識が広がっている。

中国では、２０４９年までに世界有数の軍事力となり、戦争で完全勝利するという「強軍の夢」が唱えられており、現実化が濃厚である。極超音速ミサイル、核兵器、人工知能、サイバー攻撃作戦などの分野での開発が進んでいるといわれており、西側は深刻な懸念を抱えている。また、中国の海軍は世界最大の軍隊である。

この意味では、いまは戦わなくても、都合のいい時機がくれば、史上最大規模の戦争を発動する可能性もありうる。

「読売新聞」（２０２４年3月3日付）によれば、日本の自衛隊が２０２３年に参加した多国間の共同訓練は56回を数え、２００６年比で18倍に増加したという。有事などを想定した「戦術・戦闘訓練」の比重が増え、６割を超えた。

中国が軍事力を膨張させ、北朝鮮がミサイルの発射を続けるなかで、自衛隊がインド太平洋地域の国々と連携し、抑止力を強化している状況が浮き彫りになった。

２０２１年、香港サウス・チャイナ・モーニング・ポスト（ＳＣＭＰ）は、中国の４隻目の空母が初の原子力空母として建造される可能性があると報じた。その後、空母建造に関連する確実なニュースが伝わらず、中国側は否定も肯定もしない態度を取ってきたが、建造中の雰囲気が漂う。

このほか、２０２４年の全人代では、同年の国防費が前年に比べて7・２％増の１兆６６５５億４０００万人民元（約34兆８０００億円）にのぼることも明らかになった。

5年以内に中台戦争は起こるか

1979年に中国はアメリカとの国交を樹立したが、その前年の1978年、中国はアメリカへの友好を示すために、30年間も叫び続けてきた「われわれは必ず台湾を解放する」という好戦的なスローガンを放棄することを正式に表明した。その代わりに、「平和的な方法で台湾問題を解決することを望むが、武力行使を放棄する約束はしない」という言葉になった。

それ以来、中国は「台湾解放」を提起したことがない。「武力行使を放棄しない」という文言が話題になるが、最悪の場合に限ってのやむをえない選択肢であることを認めている。平和交渉が最善の策であると明言しているのだ。

2024年1月に台湾総統選挙が行われた。もしも国民党が勝てば、北京は積極的な話し合いによって中台関係の改善を図ったであろうが、結果は民進党の頼清徳が勝利した。とはいえ、中国としては、独立国家であることを明言する憲法を打ち出さない限り、現状維持政策が継続されることになるだろう。

筆者は、少なくとも5年以内に中台戦争が起こることはないと見ている。その最大の理由は、中国の経済回復には少なくとも5年はかかると考えるからだ。

経済回復の間は戦争の可能性が低いか

ゼロコロナ政策解除以後の中国経済は、かなり後退している。

中国国家統計局の発表によれば、２０２３年１～２月、全国規模以上の工業部門企業の利益は前年同期比23％減となり、大型港である寧波舟山港、上海港、塩田港などでは、コンテナーの空き率は30～40％にも達しており、通信装備大手のファーウェイは、２０２２年の利益が69％減となった。

消費低迷などの影響で、２０２３年１月と２月の国家の一般歳入は前年比１・２％減となり、国家予算として２０２３年は過去最大の財政赤字を計上することになった。赤字額はＧＤＰ（国内総生産）の３％程度、３兆８８００億元（約74兆円）にも達する。

２０２４年２月９日付の「朝日新聞」によれば、アメリカにとって最大の輸入相手だった中国が、２０２３年は15年ぶりに２位に転落した。政治や安全保障の面での対立から、アメリカが中国への経済的な依存を減らしてきたためだ。

中国にとってもアメリカは最大の輸出相手で、輸出額の落ち込みは経済に大きな打撃となっている。アメリカ商務省が２月７日に公表した２０２３年の貿易統計によると、中国からのモノの輸入額は前年比20・３％（１０９０億ドル）も減り、４２７２億ドル（約63兆円）。電子機器や鉄鋼など幅広い分野で減少したという。

国家発展改革委員会の発表によれば、2022年上半期だけでも46万の会社が倒産し、200万の会社が経営不振のため消滅した。社長までが失業するという状態だから、仕事の場が激減し、労働者が働こうとしても働けなくなるという社会危機が現れた。失業者の人口は2億人にも及ぶという。

そんななか、もっとも打撃を受けているのが、若者世代だ。

仕事の場が少ないので、名門大学の女子大生が卒業後、町の清掃会社に入社したり、博士号を取った学生が重労働の配達員になったりするといったニュースが珍しくなくなった。いままで絶対に考えられなかった出来事である。

中国では2023年度に過去最多となる1158万人が大学を卒業したが、いまもかなりの人数の若者は正式な職に就いていないようだ。

経済の完全回復には5年はかかりそうであり、この間に戦争が起こるとはとても考えられない。ただし、「はじめに」で述べたように、大陸側の漁民死亡事件以降、突発的な軍事衝突が戦争に発展する可能性は高まっている。

次章では、現在の中国経済の実態について、さらにくわしく述べていこう。

第5章

不動産バブル崩壊後の中国経済の行方

恒大という巨大な地雷の爆発

前章では、現状の中国経済に少しふれたが、ここでは、さらにくわしく解説しよう。

中国経済の現状については、表面的には改善しつつあるように見えるが、地雷がいたるところにあり、うっかりすると爆発して重大な社会危機を招くことになる危険性がある。

国家統計局が2023年9月30日に当月の製造業購買担当者景気指数（PMI）を発表した。9月の指数は50・2で、経済活動拡大・縮小の境目である50を半年ぶりに上回った（8月は49・7だった）。

2023年の中国では、9月29日の中秋節から国慶節の10月1日をはさんで10月6日まで、もっとも長い大型連休を迎えた。この大型連休全体では8億2600万人が、国内を鉄道、航空、道路、水路で移動し、国内旅行者の支出総額は7534億3000万元（約15兆5000億円）にも達したという。これはコロナ禍で移動が制限される以前の2019年同期比で1・5％高い数字だ。

こうした状況が、中国経済にいい影響を与えるのではないかという期待が高まった。

しかし一方、これに先立つ9月28日、不動産最大手・中国恒大《こうだい》集団の許家印会長が、法律違反の疑いで警察に拘束されたというニュースが伝わり、中国産業界や一般市民の間に激震が走った。

なにしろ、中国では不動産事業がGDPの約3割を占めるという歪んだ経済構造にあり、恒大の崩壊は中国経済に計り知れない打撃を与えることになるからだ。

財産の7割が持ち家の中国で不動産バブル崩壊

中国恒大は世界でもっとも負債を抱える不動産開発会社であるとされ、負債総額は49兆円（2023年6月末時点）を超えると伝えられている。債権者の内訳は、銀行、下請け会社・サプライヤー、住宅購入者で、それぞれ3分の1を占めていると報じられている。この問題が明らかになった2021年以降、同社の巨額負債問題は、中国経済のみならず、世界の市場にも重くのしかかっている。

中国人は、あまり賃貸住宅の利用を考えない。借金してでもマイホームをもちたがる。その大きな理由は、日本のように賃貸住宅仲介業が普及していないからだ。

中国に賃貸住宅がないわけではないが、日本のような一つの産業にまでなっていない。個人の大家が他人に部屋を貸すといったレベルで、そのうえ公正公平なシステムや基準がなく、大家の気持ち次第で契約の期間が縮められたり、家賃がいきなり倍に上がったりすることも多い。日本で入居者の権利が優先されるのとは大違いだ。

中国人の財産の7割は持ち家である。中国人は住宅を銀行のようなものと見なしており、利息がついて値上がりすることを期待する一方、値下がりは容認できない。もしも巨額の借金と貯蓄で購入した住宅の価格が急落して破産すれば、人生は終わり、家族も終わりだ。

「烂尾楼」の被害者は160万家庭にも

しかし恒大は、ビジネスのモラルを無視したやり方を繰り返した結果、多くの市民、多くの家庭に恐ろしい不幸と悲劇をもたらした。恒大の手口は以下のようなものだ。

恒大は銀行から借金して土地を購入し、住宅やビルを建てる。着工とともに宣伝広告を出して、入居者を募集する。入居者は総額の30％以上の手付金を支払い、所有権を確保しておく。

ここまでは中国での不動産売買のルールだが、残金は建物が完成したあとの支払いでもいい。ただし、まだ購入が完了していないため、手付金支払い後に販売価格を再値上げする不動産会社も少なくない。本来は違法だが、こうした手法で価格をつり上げることが多々あるのだ。そのため、値上がりを嫌って、前もって買っておく人たちが多いのだ。

しかし、恒大は客が手付金を支払うと、工事をストップさせる。そして、この土地を担保にして再び銀行から借り入れ、別の土地を買う。そこで工事を始め、宣伝広告を出し、入居者を募る。もちろん手付金が支払われれば、また工事をストップさせる。

このようなことを繰り返し、工事がストップした建物は中国で「烂尾楼《ランウェイロウ》」という。「建設工事が途中で止まったままのビル」という意味だ。いつ工事再開になるかは、まったく目途が立っていない。竣工の期限が決められておらず、前金が水の泡となることが多い。

このような悪循環が続き、被害者がどんどん増えていった。

統計によれば、恒大の「烂尾楼」工事による被害者は160万家庭にものぼり、約600万人の市民が家も貯金も失ったという。恒大の違法行為によるひどい現状を、泣きながら訴える被害者たちの様子を撮影した動画がネットで広がり、怒りと同情の声が多く湧き上がっている。

日本での手付金の目安は、物件価格の5～10％が相場で、新築の未完成物件なら5％程度の場合が大半である。もちろん、契約した竣工日が大幅に遅れて、買い主に不利益を与えた場合は、不動産会社が手付金を全額返すか、何らかの条件で賠償責任を取ることになる。

しかし、中国ではそのような取り決めがない。

しかも、恒大の破綻はたんなる経営上のミスではなく、腐敗役人との結託や、重大な組織犯罪が絡んでいた。2023年10月16日に恒大の最大金融支援者である中国銀行の董事長が、収賄や違法融資の疑いで逮捕された。

しかも、このような詐欺的なやり口で資金を集めていた業者は恒大だけではなく、被害が広がっている。

恒大以外にも、中国の不動産最大手であった碧桂園（カントリー・ガーデン）、万達集団（ワンダ・グループ）、融創中国（サナック）なども、資金調達ができなくなり、デフォルト危機に陥るなど、経営破綻の危機が迫っていると伝えられ、中国経済に深刻な影響をもたらしている。

関連業界も連鎖的に大打撃

前述したように、不動産事業は中国経済の約3割を占める。ある意味では、その偏った構造こそが、中国の経済発展を阻んでいる。この経済構造をいかに是正するかが課題となるだろう。

中国のGDPのうち、地方政府の土地売買が約20〜30％を占めており、そこに鉄鋼、セメント、木材、内装、家電、家具、運送などの業界が連動している。関連業界を合わせれば天文学的な金額が動いている。これは間違いなく関連業界従業員の収入の一部となるだろう。

以前、家具店の店主から収入を聞いたことがあるが、1カ月のうちに、新居用の家具一式が売れれば、店の従業員のその月の給料が出るという。この店は従業員が2人だけということもあるが、利益は大きい。

そのため、不動産事業が滞り住宅販売が不振に陥れば、ほかの関連業界も連鎖的に大打撃を受けることになる。

不動産価格は平均20～30％も下落

この恒大ショックに加えて、新型コロナウイルスによる景気低迷が重なり、不動産不況はますます深刻になっている。

不動産業の友人の話によれば、景気が目立って悪化し始めたのは２０２３年の９月、10月頃からだという。２０２２年12月にゼロコロナ政策が終了し、不動産業も回復していたのに、突然、お客がまったく来なくなってしまったのだ。

２０２３年12月末、同年９月までの価格と比べて、不動産価格は平均20～30％の幅で激しく下落していた。もちろん、もっとひどいものもあるだろう。

筆者と親戚の体験した不動産売買の話を紹介しよう。

筆者は上海で不動産を二つもっていたが、そのうちの一つは２０２３年３月頃にうまく売却することができた。このときは満足する値段で売れた。しかし、もう一つの物件は、判断を誤って売却が遅れたため、売りそびれてしまった。小さな事務所で、売却価格は最高時で70万元にも達したが、本書執筆時点である２０２４年３月現在では20％下落した55万元まで下がった。それでも買い手はまだ現れず、これからも現れるとはかぎらない。

親戚がもっていた物件は、これまでの相場で３５０万元だったが、現在では約30％下落した２５０万元だ。こちらも買い手はまだ現れていない。

不動産不況は多くの家庭に手痛い打撃をもたらした。前述した不動産業の友人は、2023年8月頃、不動産価格の下落によって大損した2人の客のことを話してくれた。

新築物件について売買双方が契約を結び、買い主が手付金50万元を支払った。手続きを済ませた買い主は、所持している自宅の売却を急いだ。いい値段で売って、高額な残債に充てようとしたのだ。

しかし、不動産不況の嵐がいきなり吹き荒れ、自宅の売却は難航し、その間に契約期限が切れてしまい、手付金をまるまる失うことになった。結局、買い主は資金繰りがつかず、不動産購入を断念せざるをえなかった。50万元を失っただけだった。このような客を、友人だけで2人も経験したという。

2023年12月15日、ブルームバーグは「国家統計局が15日発表したデータに基づくと、主要70都市の新築住宅価格（政府支援住宅を除く）は11月に前月比0・37％下落した。10月は0・38％下げていた。中古住宅市場は悪化。11月は0・79％値下がりと、9年で最大の下落率となった」と伝えた。

同日、北京共同通信も「中国不動産大手の経営不安が深刻化し、住宅が引き渡されないケースもあることなどから顧客が購入を控える動きが強まっている」と報じている。

その2カ月後、2024年2月に国家統計局が発表した1月の新築の住宅価格指数は、主要な70都市のうち、56都市で前の月から下落。下落した都市の数は前の月から減ったものの、依然として全体の80％で下落となっており、不動産市場の低迷が続いてることを示している。

２０２４年3月5日に開かれた全国人民代表大会において、中国の不動産政策を担当する倪虹・住宅都市農村建設相は、不動産市場の冷え込みが厳しい中、不動産企業の合理的な資金需要を支援する方針を表明する一方、深刻な債務超過に陥り、経営能力を失った企業に対しては、「法律に基づき、相応の対価を払わせ、市場ルールに従って破産すべき会社は破産すべきだ」との立場を示した。

中国不動産不況が長期化し、経済への悪影響は避けられず、市場の整理が加速することが鮮明となった。

象徴的な建造物や看板が消えた

「中国経済の現状を知りたければ、まず上海を見ればいい」、これは以前からの定論である。中国の都市で最大のＧＤＰを誇る上海が繁栄していれば、中国経済は安定しているといえるからだ。

しかし、新型コロナによる都市封鎖が２０２２年6月に解除されて以降、上海ではかつてのような賑わいは戻っていない。繁華街の人出もまばらだ。大型ショッピングセンターはガラガラで、門前雀羅《じゃくら》ぶりである。すべての場所がそうだといわないが、街を歩けば、こうした閑散ぶりがところどころ目立つ。

上海の南京東路歩行者天国は、相変わらず多くの人で大変賑わっているが、その9割以上が地方からの観光客だ。現地の住民は少ない。それは、真の意味での消費経済が成り立っていないということを意味するだろう。

南京東路歩行者天国の「悦荟広場」は非常に有名な大型ショッピングセンターだが、最近では全盛期と比べて買い物客がかなり減少していることが話題になっている。

日本も同様だろうが、どこの国にも大都市には、その街を象徴するような魅力的な建造物や看板がある。都市の名刺のような存在で、現地の経済繁栄や文明発達を表す。東京でいえば東京スカイツリーや、東京ミッドタウンなどがそれにあたるだろう。

上海では、大型スーパーやショッピングセンターが、市民たちにとってこのような誇りをもつ存在だといえよう。しかし、上海市内の大型スーパーやショッピングセンターなどは、ここ数年、続々と閉鎖されたか、規模が縮小されている。

筆者の上海の自宅からそう遠くないところに「易初蓮花」という大型スーパー（タイ資本）があり、このエリアの象徴的な存在であった。以前はよく買い物に行ったものだが、最近、そこを通るとすでに閉鎖されていた。建物はすでに錆ついていて、かなりびっくりした。

また、静安区といえば、東京の渋谷のような高級エリアだが、そこにあった日本でもおなじみの大型ホームセンター「宜家」（ＩＫＥＡ、スウェーデン資本）が２０２３年に閉鎖された。

同じ高級エリアである徐匯区の「太平洋百貨」（台湾資本）も姿を消した。閉鎖前日には大勢の市民が店に集まり、往時を懐かしんだ。

ほかにも、「欧尚」（フランス資本）、「比宜徳」（ドイツ資本）、「農工商」「聯華」「華聯」「国美」（中国本土資本）など、馴染み深い店が次々と看板を下ろすか、店舗数を大規模に縮小するかの不況に見舞われている。

レストランは大繁盛だが……

一方、レストランなどの商売は賑やかだ。実際、２０２３年の中国飲食業界の収入は、初めて5兆元を突破し、過去最高を記録した。

賑わいを見せている理由は、あまりにも食事代が安いからだ。筆者は友人に誘われて東盛という日本料理店に行ったことがある。食べ放題でとにかく料理が豊富だ。食事代は休日１３６元（約２７２０円）で、平日なら１００元（約２０００円）ほどで食べられる。

また、友人の話であるが、同窓会で14人がある有名な五つ星のホテルに集まった。カラオケ設備のある大きい部屋を借り切って、昼食から夕食まで準備してもらったが、値段はたった１５００元（約３万円）だった。１人当たりではなく、全員分である。１人当たり約１００元ほどだ。

友人の話によれば、現在、このようなサービスを行うホテルが多くなっているというが、明らかにおかしい。

不景気で客の利用がほとんどないので、安い値段で客を集めて最低コストを維持しようとする、苦肉の策だろうという話だ。

不動産バブルのツケ

商店街が活気を失い、経済が低迷している。これは事実だ。

その原因として、新型コロナの流行による経済停滞や一部の経済政策の不備、ネットショッピングの規模拡大によるリアル店舗の没落など、原因はいくつか挙げられているが、やはり最大の要因は不動産の急落が始まったことだろう。前述したように、持ち家が中国人の財産の7割を占めているという事情があるからだ。

これまでは、親しい中国人同士が集まると、不動産の話をよくしていた。多くの不動産をもっていれば、たいていは羨ましがられるし、自慢にもなる。所有している不動産がマイホームだけの人は、仕事ができない、頭が悪い人だと思われることが多い。筆者の友人には六つの不動産を所有する者がいるが、頭のいい投資家と周りから褒められ、仲間うちの成功モデルになっていた。

しかし、いま、この〝錬金術〟が破綻した。これまでは手堅い投資商品であった不動産の価値が突如失われることで、住宅ローンの返済などにも支障をきたすようになった。いままでは資金繰りが苦しくなれば、マンションの一つでも売れば良かったが、現在では買い手がつかない。

前述した手付金支払いの話のように大損を被ったり、教育費、医療費、生活費などが滞ったり、さらには職場を失い収入が絶たれたりするという、最悪のケースが間違いなく増えている。

ここ数年、中国人の生活パターンは、以前と相当変わった。とくに大都会では、競うように贅沢さが追求されてきた。ブランド品を買いあさり、海外旅行で世界を飛び回り、高級車に乗り、美食にふけるなど、富豪のような暮らしを真似しようとしてきた。

筆者の知る30代の２人も、このようなタイプだ。２人とも不動産仲介業をしており、年収は40万元（約８００万円）。２人とも高級車ベンツに乗っている。中国ではベンツの販売価格は50万元が相場だ。年収を超えるほどの高級車が必要なのかと考えていたが、不動産バブルが崩壊した現在、おそらく彼らはローンの返済に苦しんでいるだろう。

中国経済は不動産（土地売買）に多く頼っているため、土地が売れなくなると、政府の支出に影響が出る。とくに規模の小さい地方の都会では、公務員の給料未払いがよく報じられている。

２０２３年5月には、河南省の教師34人が、４年間の賃金未払いに抗議するため、ハンガーストライキを行ったことが話題になった。

同年10月26日付の「中国教育報」（中国教育部主管）は、中国国務院は11月から中国16

の省と市に対して、関係部門の仕事を実地調査・監督・指導すると報道した。調査項目には「教師、村の医師、警察の助手、街路掃除の労働者などに対する給料、手当の支払い遅延の問題」が含まれている。

就職難の嵐

中国はいま、いろいろな分野において問題が起こっている。たとえば、地方債の増加、人口減、若者の結婚拒否、役人の腐敗、売春の蔓延、中小企業の破産など、経済問題、社会問題が山積している。

これらのなかでも、筆者がとくに深刻だと思うのは、就職と社会保障の問題である。まず、就職についてだが、とくにコロナ禍が発生してから、就職事情が急速に悪化した。ゼロコロナ政策が打ち切られても、一向に好転しない。このことについては前章で少しふれたが、若者たちがなかなか仕事を見つけられない。

中国の失業率は5％前後だが、若年失業率（16～24歳）はここ最近、20％を超える月も珍しくなくなっている。2023年4月に20・4％、5月が20・8％、6月は21・3％と過去最悪を更新。

専門家のなかには、実際には若年失業率は50％近くにまで達していると推測する者もいた。

この発表以降、中国当局は若者の失業率について調査方法を見直すとして、以後の公表を停止し、2024年1月になって半年ぶりに発表した2023年12月の若年失業率は14・9%だった。

少なくとも、若者の多くが就職にかなり苦しんでいるのは事実だ。卒業しても仕事が見つからないと、若い女性が号泣して訴える動画をネットで見たことがある。その女性は収入がなく、自立ができず、育ててくれた両親に申し訳ないと語っていた。

現在の就職戦線は、北京大学、清華大学、復旦大学、交通大学の四つの大卒者以外の場合、門前払いされることも多いそうだ。これらの大学は北京と上海にあり、中国で最高ランクに位置づけられる。

しかし、この四つの大学の毎年の卒業生は、計4万～5万人程度だ（大学院生、博士を含む）。中国全体の大卒者は毎年1000万人以上にものぼる。「四つの大学の卒業生しか就職のチャンスがない」というのは極端な言い方かもしれないが、それでも中国の就職事情がかなり厳しいことが窺えるだろう。

外資系広告会社に勤めている友人がいるが、仕事の関係で多くの企業との付き合いがあるため、彼女のところには、知り合いから子供の就職斡旋の依頼が多く舞い込んでいるという。

とくに、海外留学を終えて戻ってきた子供の親から、いい勤め先をぜひ紹介してほしいと頼まれるそうだ。

20年前であれば、海外留学組は企業が競って欲しがる貴重な人材だったが、もはや現在ではまったく珍しくない存在であり、需要もないという。

友人は「難しい。自分もいつか解雇されるかもしれない」と苦笑していた。

中国経済の中心地である上海は、これまでは働く気持ちさえあれば、どんな人でも仕事が見つかった。就職難などという言葉は、上海にはなかった。だが、現在はその上海ですら、厳しい就職氷河期が覆っている。ましてや地方はさらにひどい状況だろう。

友人の話では、知り合いの大卒者がやっと仕事を見つけていま金融機関で働いているそうだが、クラスには37人の学生がいたものの、就職できたのは12人だけだったという。3分の1の就職率だ。この大卒者の話では、どこの大学でも似たような状況だろうということだ。

医療保険加入者が激減

こうした経済状況を受けてか、いま、年金や医療保険の保険料の納付をやめようとする人が増えていると伝えられている。たしかに、友人と世間話をしていると、こうした社会保険の話がよく出てくるようになった。

社会保障は頼りにならないと思う人が増えているのが理由だという。2023年7月、国家医療保障局は、2022年度の全国の基本医療保険加入者の総人数統計データを発表した。それによると、２０２２年度の加入者は13億４５９２万人で、前年度より１７０５万人も減少した。この現象もコロナ禍や不動産バブルの崩壊などが深く関係していると思われる。

加えて、中国では医療保険料の金額が毎年上昇し続けている。これが加入者の不安感や不信感を高めているのだ。

ムーディーズが中国を格下げ

不動産バブルの崩壊により、景気後退はどこまでいくだろうか。

アメリカの格付け会社ムーディーズは２０２３年12月５日、中国の格付け見通しを「安定的」から「ネガティブ」に変更した。中期的な経済成長率の低下や不動産部門の縮小が理由である。

ムーディーズは中国の成長減速・債務増加見通しを踏まえ、２０１７年に格付けを１段階引き下げＡ１とした。それ以来の調整となる。

長期自国通貨建て・外貨建て発行体格付け「Ａ１」は据え置いたが、ＧＤＰ伸び率は２０２４年と２０２５年に４・０％に減速し、２０２６～30年には平均３・８％にまで低下すると予想した。

国際通貨基金（ＩＭＦ）の最新データによると、地方政府債務は２０２２年に92兆元

（12兆6000億ドル）となり、これはGDP比で76％にもなる。2019年の62・2％から大きく上昇した。

こうしたことは、今後、中国企業が海外金融機関から借款するのが難しくなることを意味する。

対中直接投資は減退

経済の停滞を受けて、中国に対する投資意欲は世界的に下がっている。中国国家外貨管理局（SAFE）が2023年11月3日に公表した国際収支によると、外資の中国投資は7～9月に初めてマイナスになった。

さらに、2024年2月18日にSAFEが発表したデータによると、中国の国際収支における対中直接投資は330億ドル（約4兆9500億円）だった。前年比で82％減少し、1993年以来の低水準に落ち込んだ。

こうした状況は、中国において事業拡大を目論む日本企業の割合が減少傾向にあることにも現れている。

ジェトロは2023年8～9月に、2023年度海外進出日系企業実態調査を実施した。この調査によると、今後、中国における1～2年の事業展開の方向性について、「拡大」と回答した企業は27・7％、「現状維持」62・3％、「縮小」9・3％だった。「現状維持」

が依然としてもっとも多いが、「拡大」が初めて3割を下回り、中国で事業を拡大したいと考える日本企業は過去最低になっている。実際、日本でも三菱自動車、帝人、キヤノンなどが撤退を決めている。

このように中国への投資が減退している要因としては、主に半導体をめぐるアメリカの輸出規制が大きく影響していると思われる。一方、２０２３年7月に改正された反スパイ法の施行に不安を覚える企業も少なくない。

一方、業態によっては、業績が回復に向かっている企業もあるようだ。２０２３年8月15日、日本企業の中国ビジネス動向にくわしい名古屋外国語大学外国語学部の真家陽一教授は、ジェトロの地域・分析レポートの取材に対して次のように語っている。

「このところ、中国ビジネスの業績が好転している日本企業も少なくないという印象を持っている。例えば、資生堂が２０２３年８月８日に発表した２０２３年上期実績をみると、中国事業のコア営業利益は前年に対し75億円改善し、54億９８００万円と黒字転換した。ダイキン、デサント、ユニ・チャームなども中国事業の回復が顕著で、私が知るところでも、このような日本企業が出てきている。中国向けの製品開発が進んでいることの表れだと思う」

中国経済を楽観視する見方も

内外から厳しいニュースや指標が出ている中国経済だが、しかし一方、国際機関の責任者からは、中国経済の成長を楽観視する声も伝えられている。

「CGTN Japanese」（2023年12月7日付）によれば、WTO、国連貿易開発会議（UNCTAD）、国際貿易センター（ITC）の責任者が、中国の媒体のインタビューを受けた際、中国経済のファンダメンタルズに対して全般的に楽観的な見方を示し、中国経済の見通しに期待を示したという。

WTOのオコンジョ＝イウェアラ事務局長は、「中国が対外開放を維持し、新たな発展構造を構築し、国内消費を牽引することは、経済の持続的な回復に役立つ」と指摘した。

UNCTADのグリンスパン事務局長は、世界経済成長への中国の寄与はほかの主要経済体より大きいと述べ、「中国の経済成長は、工業生産、インフラ、物流および技術面における優位性によって成り立っており、これは中国が世界貿易とバリューチェーンにおいて重要な役割を果たしていることを意味している。経済、産業、貿易などの分野の構造調整が順調に完了すれば、中国経済は今後も成長し続けるだろう」との見解を示した。

ITCのパメラ・コーク・ハミルトン事務局長は、「中国国家統計局が発表した2023年第1～3四半期（1～9月）の経済データを見ると、中国の消費需要はすでに回復し始め、経済と貿易の持続的な伸びを促進している。中国は新技術、新産業への開発と投資を続けており、経済のモデルチェンジは持続的な成長をもたらす」と述べている。

２０２３年12月12日、中国の韓正国家副主席とイギリス・オーストラリア資源大手リオ・ティントのドミニク・バートン会長が会談を行った。韓氏は、中国政府は経済の改革と開放を進め、他国と協力して共通の課題に対応する方針だと説明し、バートン会長は、中国経済の成長の可能性を楽観しており、長期的戦略を維持すると述べた。リオ・ティントは世界最大の鉄鉱石生産会社で、中国は最大の顧客だといわれている。

明るい兆しも見られるが……

また、指標に明るい兆しが出ている部分もある。

国家統計局が２０２３年12月27日に発表したデータによると、同年11月の工業部門企業の利益は前年同月比で29・５％も増加しているという。ブルームバーグは、「比較対象となる前年同月の水準が低かったベース効果に加え、デフレ懸念に見舞われる国内経済のてこ入れに向けた政府の刺激策が寄与した」と分析している。

中国国務院新聞弁公室は12月15日に記者会見を行い、社会消費財、小売総額、物品の輸出入、貿易総額、外貨決済・売却金額など、数カ月か単月のいくつかの経済データを発表した。当然、改善や向上が見られる調査数字だけが挙げられているが、これらのデータは多くの媒体から中国経済の成果として報道された。

２０２４年１月27日に国家統計局が発表した数字では、２０２３年の工業部門企業の利益は前年比で２・３％減少だった。前年12月の工業部門利益は前年同月比16・８％増で５カ月連続で増加したが、11月からは伸びが鈍化しており、明るい兆しはあるものの、いまだ不安定な状況が続いていることは間違いない。

国民生活の向上が課題

前述の国務院新聞弁公室の発表では、一つのデータが筆者の目を引いた。それは２０２３年１月から11月まで全国郵便機関の郵便物配達取扱件数が累計１４６３億件超に達し、前年同期比で15・８％増となったというものだ。

実は、１４６３億件のうちの１１８８億件強の配送業務については、国有企業の郵便局ではなく、民間の宅配業者によるものだ。こうした民間の宅配業者は「快逓《クアイティ》」と呼ばれる。中国の郵便配達のほとんどを民間企業が担っているという実態がわかる。

郵便配達を担う従業員は、ほとんどが地方の若者や中年の人で、「快逓小哥《シャオカー》」（「よく働くお兄さん」といった意味が含まれる）と呼ばれている。

仕事は過酷なほど忙しく、街中を電動バイクで飛ぶように走り回っている。事故を起こしそうなほどスピードを出しているので、結構危ない。ノルマ以上の多くの仕事をクリアしたいと思っているからだ。彼らは年中無休で、生活を切り詰めてこつこつと稼いでいる。

筆者は長く中国にいたので、「快递小哥」の仕事を見てきた。

ある30代の「快递小哥」に聞いたところによると、１２００件の配達をこなしたある月の収入は、１件につき４～５元（約１００円）の報酬が相場で、５３００元になったそうだ。皆勤手当３００元を足して、この月は５６００元（約11万円）の稼ぎだったという。

家賃は７００元で、ほとんど何もない寝るだけの狭い部屋だ。バイクは借りたもので、レンタル料金が５００元。食事代は毎日40元までに抑えており、月に１２００元。これに家族への仕送り１０００元を引いて、残りは２２００元だ。ここからさらに電気代などの雑費支出もある。

この月は事故を起こしたために、バイクの修理代と医療費が４００元あまりかかってしまったという。絶対に贅沢はせず、残りの金を全部貯金しておくと彼は言った。

しかし、たとえ、うまく貯金できたとしても1年で2万６０００元、この金額だと、市内隅っこの一般住宅でも1平米くらいしか買えないほど、少ない額である。

中国では「快递小哥」が８４００万人いると伝えられている。バイクを運転できさえすればいいから、専門技術は要らない。だから、生活のために多くの若者がこの仕事を選んでいるのである。

「寝そべり族」

とりわけ若者は仕事がなく、仕事があっても賃金が安いということで、働くこと自体をあきらめて家で寝そべってばかりいる「躺平族《タンピンズー》（寝そべり族）」が増えている。

こうした状況下、当然ながら結婚を拒否する若者も急増している。中国では結婚時に男性が家を用意することが習慣になっているが、それができない男性も増えている。

また、結婚して子供を産んだ場合、中国では養育費が異常にかかる。18歳までの子育て費用は、中国全土の平均で48万5200元（約970万円）、上海なら102万6400元（約2005万円）だ。

全国の平均年収は10万6000元（約212万円）、上海は12万4000元（約248万円）。教育熱心な都市部では収入の約50％も養育費に使うことになる。

こうしたことからも、若者の結婚離れが進んでいる。

2023年6月に中国政府が発表したデータによれば、2022年に婚姻届を提出した夫婦は約680万組で、9年連続で減少しており、2013年の1350万組からすると10年で半減した計算である。

中国経済の停滞が進めば、非婚率はさらに上がっていくだろう。そしてそれは、少子高齢化を加速させていく。

中国の２０２２年の出生率は１・09、上海ではなんと０・７である。日本の同年の出生率は１・26、東京が１・04だから、日本以上の少子高齢化なのである。

このまま少子高齢化が進めば、65歳以上の人口は現在の約２億１０００万人が２０５０年には４億人まで倍増し、５人で１人の高齢者を支える社会から、２人で１人を支える社会になるといわれている。

こうしたことを回避するには、前述したように均衡的な経済発展は中国にとって重要な課題であり、国民の収入が増えるようにしなければならない。収入が増えることで、初めて健全な消費市場が成り立ち、それは社会の安定をもたらすからだ。

長期不況か経済回復か、「5％成長」が鍵

中国最高指導部は２０２３年12月11日、12日の２日間、２０２４年度の経済政策の方針を決める「中央経済工作会議」を開き、かつてなく深刻化している不動産不況をはじめとする、経済リスクの解消に取り組む姿勢を全面的に打ち出している。

中央経済工作会議はコミュニケを発表した。文章の中には、「経済発展を図ること」は「最大の政治的任務」だと訴えるところまであり、経済危機の解決に立ち向かう堅い意志が窺える。

ロイターが伝えるところによれば、中国人民銀行（中央銀行）金融政策委員会の王一鳴

委員は12月19日に北京で開かれた経済フォーラムで、中国は2024年に5%の経済成長目標を達成できるとの認識を示した。投資が4~5%増加し、消費が6~7%拡大し、輸出も増加に転じれば、中国経済は2024年に5%の成長を実現する可能性が高いという。また、中央政府の債務負担が比較的少なく、消費者物価も低いため、経済支援を強化する余地があるとも指摘した。

また、前日の18日に中央財政当局は、2024年の中国経済は課題よりも機会のほうが多く、プラス要因がマイナス要因を上回るとの公式見解を社会に伝えた。

5%の経済成長目標が達成できれば、もちろん素晴らしいことだが、一方、成長率とともにインフレ率、貿易輸出入、国際収支、失業率、消費者物価指数などのデータもあわせて考えなければならず、全面的改善と均衡的発展こそが、中国経済の回復と国民生活の向上を推し進められるものだろう。

とくに、不動産の危機と失業率の悪化にどう対処するかが、重要な課題となるであろう。短期間でそれらの問題を改善する特効薬があるだろうか。

2024年3月5日に開かれた全人代（全国人民代表大会）では、李強首相が、同年の経済成長率の目標を5%前後にすると表明した。また、長期の特別国債を今後数年にわたって発行することを表明し、2024年は日本円で20兆円あまりを支出する考えを示した。

中国は過去26年間で特別国債を4回しか発行しておらず、これから頻繁に特別国債を発行することになれば、いかに資金調達が逼迫《ひっぱく》しているかが窺い知れる。地方政府の財源不足は重要な原因の一つだろう。

翌３月６日に開かれた全人代の経済関係の記者会見では、国家発展と改革委員会の鄭柵潔主任が、特別国債を発行してハイテク技術の向上、都市部と農村部の融合発展、食料・エネルギーの安全保障などの目的を図るとも語った。

一般国債に対して、特別国債は災害などの緊急事態が起こった時に発行されるものとされる。債権の安全性が保障される代わりに長期間の債権で利率が低いのが特長だ。

ところで、ブルームバーグ（２０２３年12月28日付）の報道によれば、ゴールドマン・サックス・グループやモルガン・スタンレー、ＵＢＳグループを含む10の投資銀行と証券会社が、中国の住宅建設不況は２０２４年も好転することはないと予測しているという。

もっとも弱気な見通しをするのはゴールドマンで、２０２４年の不動産固定資産投資の「2桁」減少を予想している。モルガン・スタンレー、ＣＭＢインターナショナルは７％、ＵＢＳは５％減少すると見込んでいる。

日本は１９９０年代初頭にバブルが崩壊し、その後デフレに陥り、「失われた30年」ともいわれる長期の景気低迷に苦しんだ。

日本のバブル時代、土地の年収倍率は最高で18・12倍（東京）だった。一方、中国は最高の上海で50倍、当時の日本の２・５倍以上である。それだけバブルが膨らんでいるということだ。

中国でバブル崩壊が起これば、これが一気にしぼんでいくことになり、それはかつての日本の比では済まないという予測もある。実際、デフレ懸念は高まっている。日本の「失われた30年」以上に長期不況になるという説も少なくない。

第6章

「九二共識」とは何か

小さい駒から大きな城へと変貌した台湾

現在、中国本土と台湾の間には定期的会談といった公式の対話チャンネルもない。互いにマスコミを通じて、声をかけたりするなど、細々と本音を伝えているのが現状である。少し前までは、中国本土の人間からすると、台湾はアメリカ人の手中の駒のような存在で、アメリカの意向によって勝手に動かされ、明日がどうなるかわからない可哀そうな人々、という認識であった。

1979年にアメリカと中国が国交を樹立すると、台湾がアメリカからあっさりと見捨てられたという歴史的経緯が、中国本土の人々の印象に大きく残っていた。

しかし、現在の台湾はすっかり変わった。そのまま消えるはずの存在だと思っていたのに、「駒」から簡単に操られない頑丈な「城」にまで成長している。

IT分野などで世界的な生産拠点となる一方、民主的選挙によって生まれる政権の対中政策次第で、台湾海峡の風雲が大きく変わり、世界大戦へと発展する可能性もあり、国際社会の大きな注目の的になっている。

この点でいえば、台湾は非常に珍しい存在である。第4章で述べたように、台湾は国のかたちが整っていても、国として認められているわけではない。台湾と外交関係をもつ国は全世界197カ国中12カ国しかない。

「三角関係」と「二対一」

ある台湾の政治家は、台湾問題をめぐるおもな政治勢力の力関係を、二つの「三角関係」に基づいて表すことができるだろうと語る。

一つは、アメリカ、中国本土、台湾という三つの力からなる「大きな三角関係」である。以前、台湾は「三角関係」において小さい「一角」だったが、現在では大きい「一角」になった。勝手に動かすこともできなくなっている。

もう一つは、「小さい三角関係」と称されるものである。それは中国本土の共産党、台湾の国民党と民進党という三つの政党からなる「三角関係」だ。

台湾問題は常に、この二つの「三角関係」の影響によって緊張の度合いが異なり、増大したり緩和したりするのである。

「大きい三角関係」では、主役はアメリカで、中国本土と台湾のどちらに傾くかによって、いずれか一方が苦しむことになる。

たとえば、クリントン大統領の時代に、アメリカは「三つのノー」の原則を表明し、台湾に大きなショックを与えた。

「三つのノー」の原則とは、「台湾独立を支持しない」「二つの中国を支持しない」「台湾が主権国家からなる国際組織に参加することを支持しない」ということである。

「小さな三角関係」では、主役もいなければ、三者の主張が一致することもない。そして常に、「二対一」のコンビで第三者向けの批判を繰り返すという特徴がある。たとえば、

・国民党＋民進党　↓　台湾を守り抜く立場を堅持し、共産党の統一論に反対する。
・国民党＋共産党　↓　台湾は中国領の一部である立場を堅持し、民進党の独立運動に反対する。
・共産党＋民進党　↓　自分こそが正当な政府であると主張し、中華民国（国民党政権）という存在を歴史から抹殺しようとする。

このような「三角関係」と「二対一」の構図を理解できれば、台湾問題の本質が見えてくるのではないかと思う。

中華民国の成立はアジア初の民主共和国

台湾問題を語る際、「九二共識」について知らなければ始まらない。だが、その前に「中華民国」のことをまず知っておかなければならない。「九二共識」とは何か、なぜ中国政府は自分こそ中国を代表する唯一の合法的政府だといっているのか、中国政府の「祖国統一」の呼びかけに対して、台湾人はなぜ消極的で、現状維持にこだわり続けているのか、

これらの問いに答えるには、「中華民国」の話が必ず出てくるからである。

中国の現代政治史に興味がある日本人ならば、中華民国についての知識はかなりあるだろう。簡単に歴史をまとめると、次のとおりだ。

中華民国とは、1912年、清朝を倒して建てられた新しい漢族国家の国号だ。創立者は、日本ともゆかりの深い孫文である。中華民国はアジアにおける初めての民主共和国であるため、世界史においてもマイルストーンとなる出来事であった。

新国家成立の当初、日本政府をはじめとする13カ国がただちに中華民国を承認した。時代の潮流に合致する革命だから、歓迎されていたのであろう。

しかし、その後、中国は各地の軍閥によるさまざまな政府が乱立し、分裂と内乱の状態に陥る。

1919年に、孫文は中国国民党を結成（1912年にも孫文は「国民党」を結成したが、それとは別組織）、1921年には中国共産党が結党された。

孫文は次第にソビエト共産革命に傾き、1924年、広州で黄埔軍官学校を設立すると、中国国民党と共産党の協力関係を結ぶことに成功する。これが「第1次国共合作」である。

黄埔軍官学校では、孫文の愛弟子である蔣介石が校長を務め、国共両党の教官、学生が同じ訓練場で軍事教育や演習を行い、卒業後にはそれぞれの部隊で軍事長官の職を務めた。

高まる中華民国の国際的地位

1925年、孫文が死去し、1年後に蔣介石が国民党の総裁に就任すると、蔣介石は「北伐」と呼ばれる地方軍閥掃討を敢行。地方に割拠する武装勢力を殲滅、再編し、1928年、分裂していた中国を統一状態に戻すことに成功する。

1927~37年の間、中華民国は「黄金の10年」と呼ばれる国家全面発展の時期に入るようになり、政治、外交、軍事、経済、文化、教育、民生、少数民族などの領域において目立った進歩を遂げていた。

その間、1927年に蔣介石は上海クーデターを起こして、共産党の排除に踏み切り、第1次国共合作は破綻、国共内戦が勃発した。1934年、劣勢に陥った共産党軍は、国民党軍の包囲網から逃げ出すため、根拠地である江西省瑞金《ずいきん》を放棄し、1年ほどをかけて陝西省延安《えんあん》までの1万2500キロメートルという長距離行軍を敢行した。この行軍は「長征」と呼ばれる。

1937年に抗日戦争が起こると、国共両党は協力して日本軍と戦うことで合意した。「第2次国共合作」の始まりであった。

中国本土は第2次世界大戦の主戦場の一つであり、中華民国は反ファシスト同盟国と見なされ、米英ソ三国と肩を並べて「反ファシスト四大強国」といわれるほど国際的地位が高まった。

国共は互いに正当性を強調

第2次世界大戦が終わると、再び国共内戦が始まった。

１９４９年、国民党軍は共産党軍に敗れて台湾に逃れ、同年、中国共産党は中華人民共和国を設立し、中央人民政府は中国を代表する唯一の合法的政府であることを全世界に向けて宣言した。

また、この時点で中国共産党は、中華民国はすでに消滅して存在していないとの立場を厳正に表明し、今日までこの原則を堅持し続けてきた。

さらに、中国政府は新聞報道などで「台湾政府」という言葉にふれた際、「台湾当局」という表現を使用すべきとの指示を全土のマスコミに通達し、中華民国がすでにこの世から消えているとの認識を徹底させようとした。

加えて「必ず台湾を解放せよ」と、最終目標を定めて声高に叫んできた。

一方、台湾のほうも負けずに、中華民国が存在していることを主張してきた。１９７１年まで国連安全保障理事会常任理事国だったことも事実である。

自分こそ正当性のある合法的政府であり、「共産党の支配下にある苦難に満ちた大陸人民を救う」ことを自負していた。１９８０年代までは、「大陸反攻」というスローガンを叫び続けてきた。

中華民国には独自の憲法、国旗、軍隊、通貨、パスポートなどがあり、中華民国が主張する「全国地図」には、大陸を統治していた時期と同様、本土の面積がすべて含まれている。

しかも、外モンゴルも「中華民国領」としているので、中華人民共和国の地図よりも領土がかなり広い。

このように中華民国は、政治も経済も近代的であり、決してジャングルに隠れているような、ゲリラ式の亡命政府ではない。

中台開放にともなう新しい法的課題

こうして中台は長い間、互いに相手を敵とし、対岸の体制を認め合わず、厳しく対立してきた。内戦状態が続いていたわけだ。

ただし、この内戦は初期には戦火をともなったが、次第に激しい砲火をともなわなくなった。本土は台湾解放を実現できず、台湾は大陸反攻を果たせなかった。互いにその難しさを痛感していたからだ。

転機が到来したのは１９８０年代に入ってからだった。中国は改革開放を実施し、台湾を含めて対外的に門戸を大きく開くようになった。

続いて台湾でも大陸政策が大きく変わり、１９８７年に台湾政府は大陸親族訪問を解禁するようになった。

親族訪問とは、別れた親族が再会することである。この時点から、婚姻、遺産、贈与、訴訟など、解決しなければならない法律問題が続出し、中台双方による公証書提示の必要性が浮上してきた。

その後、中台ビジネスが盛んになり、知的財産権、雇用など公証書をめぐる協力体制の構築、および中台共同協力犯罪防止対策の制定、両地にまたがる犯罪防止をめぐる相互協力措置の制定、人道主義に基づく緊急救助体制の確立なども視野に入るようになった。

そこで、１９９０年に台湾側の窓口機関として海峡交流基金会が、１９９１年に中国側の窓口機関として海峡両岸関係協会が設立され、中台交渉が始まった。

「九二共識」の合意で打開策を探る

しかし、最初に問題になったのは、中台双方の身分確認という難題であった。

両者による交渉を国内交渉と見るか、それとも国際交渉と見るか。これについて、双方が粘り強い応酬を繰り返した。互いに相手の存在を認め合わなければ、交渉はなにも始まらないからだ。

そこで１９９２年、海峡両岸関係協会と海峡交流基金会が、香港で行った協議において合意に達したといわれているのが「九二共識」である。

中国政府も台湾政府も、どちらも自分が中国の正当な政府であると主張して譲らないが、ただし、どちらが正当な政府であっても「一つの中国」であるという点においては合意した、というのが「九二共識」である。

この「九二共識」の合意により、中台双方が納得する共同作業の環境が整うようになったと伝えられている。言い換えれば、中台双方が互いにどのような位置づけで問題を協議し、処理を行うかに関する合意であり、これに基づいてさまざまな仕事ができるようになったということである。

「九二共識」は、日本では「92年コンセンサス」「92年合意」などと訳されることも多い。

「一個中国、各自表述」とは

「九二共識」にいたるまでの過程について、もう少しくわしく見てみよう。当時の交渉の詳細については、複雑かつ長時間にわたるものなので省くが、最終的に双方は次の「8文字」でまとめることに合意したとされる。

すなわち、「一個中国、各自表述」である。

訳せば、「中台双方とも『一つの中国』の原則を堅持しつつ、『中国』という国号に関する政治的解釈は各自に任せよう」ということである。

つまり、双方とも一つの中国に属することを認めるが、解釈は各々で行うということだ。「一中各表」という4文字で表現されることも多いが、意味は同じである。

「中華人民共和国」も「中華民国」も、略称で「中国」と呼ばれる。中台双方とも「中国」であることは互いに認め、中国に関する政治的解釈権は自分次第でいい、という合意に達成したと伝えられる。

つまり、交渉にあたって、双方が「中国」であるとだけいえばいい。「中華人民共和国」とも「中華民国」とも読み取れるから、互いに国号のトラブルを避けられる、ということだ。

これが「九二共識」といわれる合意の内容である。

「九二共識」を認めない民進党

「九二共識」の合意により、双方は両岸の公証書発行、犯罪防止対策などをめぐる協議が始まり、協力体制の構築が進んだ。

当時、台湾は言論の自由が認められ、多党制に移る時期にあったものの、事実上、まだ国民党政権による圧倒的な一党支配が続いていた。台湾総統直接選挙はまだなかった。

国民党は独立急進派の民進党と比べれば、保守派・穏健派といえよう。当時、「九二共識」は台湾でも中国本土でも、公表されなかった。合意の内容も文書化されず、「口頭による合意」にとどまったとされる（ただし、「口頭による合意」で決着するまで双方が連絡し合った電信文が残っている）。この問題を複雑にしたくないという思惑があったといわれている。

しかし、2000年に台湾独立を掲げる民進党の陳水扁が総統に当選すると、情勢が変わった。中台関係について、当時の国民党の交渉代表が、「九二共識」の存在を初めて明かしたからだ。

これが台湾で大きな論争を巻き起こした。これまで公表されず、文書化もされていないということで、「九二共識」の存在自体を疑問視する声も少なくなかった。

民進党政権は「九二共識」を受け入れない態度を示し、それは今日も続いている。台湾が「中国」に属さないことを、公式の場でも非公式の場でも懸命にアピールしてきた。

大陸政府と国民党政権の間にも「九二共識」への認識の差がある。

「九二共識」の意義や、合意を維持していくべきという点では双方が同意しているが、大陸政府は8文字のうち、「一個中国」（中台とも一つの中国に属する）こそが「九二共識」のポイントで、「各自表述」（各自が解釈権をもつ）という部分は、当初からはっきりとは認めていないと主張している。つまり「各自表述」については、違う意味で「わかった」と言ったかもしれないが、決して合意しているわけではない、というのだ。

一方、国民党政権は「一個中国」も「各自表述」も重要であり、「各自表述」の権利があってこそ、「一個中国」が成り立つのであり、絶対に分割できないと力説している。

「一個中国」という鉄則

「九二共識」は文書化されていないため、意見の違いがあっても、これを修正することは難しい。

ただし、中国政府は、台湾問題の対応・処理にあたって、「九二共識」が原則であり、ほかに代わるものはないとしている。そして「九二共識」において、

1、「一個中国」（中台とも一つの中国に属する）
2、「中華人民共和国政府是唯一合法的政府」（中華人民共和国政府が唯一の合法的政府である）

という2点を鉄則としている。

中国が対外宣伝などで台湾問題にふれた際には、必ず「九二共識」「一個中国」と二つの言葉をセットにして述べる。

台湾に対しては、国民党政権であろうと民進党政権であろうと、まず「九二共識」のうちの「一個中国」に関する認識があるかどうかを確認する。「一個中国」の認識があれば、平和統一交渉や中台協力実務協議の相手と見なすが、なければ、付き合いを断固として拒

否する。その場合、相手を台湾独立派と見なすことが多い。

なお、「一個中国」の定義については、見解が分かれたままでいいとしており、目下はとくに差し支えがないようである。

現在、野党の国民党は「九二共識」に共感しているが、与党の民進党は「九二共識」についてなにもコメントしておらず、明らかに受け入れる意向がない。

国民党政権も民進党政権も、いずれも「中華民国」の国号を掲げ、大陸と対等の立場を固持している。そのため大陸政府が期待している「一個中国」の実現は、かなり長引きそうである。

メリットとデメリット

では、ここでは「九二共識」について、中台双方にとって、何が狙いで、どのようなメリット、デメリットがあるかをまとめてみる。


〈狙い〉

中国大陸政府は、法律実務協議を通じて、中国を代表する唯一の合法的政府であることを台湾に認めさせ、中台統一をめぐる議題に移行しようという狙いがあった。

台湾政府（当時の国民党政権）は、法律実務協議で解決しなければならない案件が多く、中国本土側の協力を必要としていた。そこで「九二共識」の機能を重視し、法律実務協議のレベルにとどまることだけを考える。

とくに国民党政権は、「一個中国」よりも「各自表述」（各自が解釈権をもつ）が重要なポイントだと考えていた。

結果的に双方はテーブルにつくことができ、「第3次国共合作」ともいうべき協力作業が始まる。


〈メリット〉

双方とも「九二共識」を通じて、台湾独立派（民進党）を牽制し、独立を阻止できる。


〈デメリット〉

「九二共識」のうちの「各自表述」については、曖昧な部分や矛盾した部分があり、双方の意思疎通や合意は難しい。

ジレンマに陥る

台湾は現在、民進党が与党として政権を担っている。台湾が民主化された1996年の直接選挙以降、2024年までで民進党は2回16年間、政権を取っている。2000～08年（陳水扁政権）と2016～24年（蔡英文政権）だ。

国民党が政権を担ったのは、1996～2000年（李登輝政権）と2008～16年（馬英九政権）の2回12年である。

そして2024年1月の総統選挙で、2024～28年の総統に民進党の頼清徳が決定している。

民主化以降、初めて同じ政党が連続で政権を担うことになり、民進党政権が10年以上も続くわけだ。

民進党政権は、「九二共識」を認めない立場だから、中台交流のチャンネルは閉ざされている。中国本土側の海峡両岸関係協会と台湾側の海峡交流基金会で有効な連絡が行われていない。

2024年の総統選挙で民進党が勝利したことで、この状態は2028年まで続く可能性が高い。

新型コロナの収束にともない、中台間の各分野における往来が活発になっている。関係部門の統計によれば、中国と台湾の間で法的処理を待つ案件が急増している。2023年第1四半期だけでも公文書検証の手続き業務が2万件にも増えており、前年同期比で67％増となっているという。

しかし、台湾関係者の話によれば、台湾の海峡交流基金会が本土の海峡両岸関係協会に公文書を送るものの、海峡両岸関係協会からはまったく返事がないそうだ。台湾側が「九二共識」を認めないからだという。

ただし、業務が完全に止まっているわけでもない。台湾と本土の間には暗黙の了解があり、本土の関係部門は連絡をしないものの、手続きは進められているそうだ。「九二共識」をめぐって、双方がジレンマに陥っている状況が続いているわけだ。

毛沢東は「中華民国」の国号を提案した

大陸政府は絶対に「中華民国」の存在を認めないが、実は1949年に「中華人民共和国」という国号が決まる前に、毛沢東が「中華民国」の国号を踏襲したらどうかと提案していたというエピソードがある。

当時、国共内戦に勝利した毛沢東政権は、新国家建設の準備に取り掛かっており、新しい国号を決めようと各界有識者の意見を集めていた。さまざまな提案が出るなか、毛沢東は「中華民国」の国号を踏襲したらどうかと提案し、周囲の人たちを驚かせたことがあった。毛沢東は次のように語った。

「われわれ共産党は中国を救うのであって、決して中国を滅ぼすのではない。新時代の中国が旧時代の中国に取って代わろうとしているが、これは新時代の政府が旧時代の政府に取って代わることであって、決して国家そのものが覆されるものではないのである。われわれ共産党は蔣介石を打倒するのであって、孫文を打倒するのではない」

こうした理由で、毛沢東は共産党政権が「中華民国」の国号をそのまま継承したらどうかと提案したのである。結局、反対意見が多かったことで毛沢東の主張は通らず、「中華人民共和国」という国号に決まった。

「中華人民共和国」の国号には「中華民国」の4文字が入っているからという意見を毛沢東が受け入れ、それ以上、自分の主張を押し通さなかったという。

当時の共産党政権は、わりと自由で民主的な一面があったともいえるし、まだ毛沢東の権力が盤石ではなかったということでもあるだろう。

台湾人のアイデンティティ

中国政府がもっとも警戒していることの一つは、台湾が本土から離れて独立することだ。とはいえ、民進党のような独立急進派がいなければ、台湾独立の懸念がなくなるかといえば、おそらくはなくならないだろう。

前述したように、台湾の国立政治大学選挙研究センターが2024年2月に発表した2023年の世論調査では、台湾の民衆のうち、自分を「台湾人」だと考えている者の割合は61・7%、「中国人」だと考えている者は2・4%、「台湾人でも中国人でもある」は32・0%だった。自分のことを中国人と考えない台湾人が年々増えているという現実がある。

ただし、台湾では独立志向の人口は多くない。これも前述したように、圧倒的に多くの台湾人は「独立せず、統一せず」という現状維持を望んでいる。

その思いを支えているのは、「中華民国」という国体だろう。中華民国は台湾人にとって生活基盤のような存在となっていて、簡単に取り替えられるものではない。

ある台湾人は次のように語る。

「中華民国は、１９１２年、満洲族による清の統治を倒して成立した漢民族の国家であり、１９４５年に抗日戦争を経て植民地だった台湾を取り戻した。そのときから、台湾人は初めて自分が中国人であるという意識が確立され、アイデンティティが育っていった。

１９９２年に一般の台湾人が参政権を獲得し、初めて議会選挙を行った。１９９６年には直接選挙の総統選挙も実現した。台湾はすでに政治、経済、科学などの領域で高度に成熟・発達している。それはいずれも、清ではなく、中華民国という政治体制下で実現されたものである」

これは、多くの台湾人の思いを代表しているのではないかと思う。とくに、清の統治の正当性を認めないという考えには納得するところがある。

台湾には、国号を「中華民国」ではなく「台湾」にしようという運動もあるが、あまり大きな動きにはなっていない。２０１８年、東京オリンピックに「台湾」という国名で参加するかどうかを問う国民投票があったが、否決されている。

中国人としてのアイデンティティは薄れ、台湾人としての意識が強まったが、それでも国号としては中華民国の正統性を重視しているからではないだろうか。

中華民国について、大陸政府は合法性のないものとして認められない立場を貫いてきた。

中台問題の焦点は、「中華民国」が認められるかどうかにあるのではないかと思う。

中華民国の存続は有利に？

大陸政府は中華民国を認めない立場を貫いてきたが、中台問題をよく分析・考察すると、中華民国の存続を黙認する一面もあることが感じられる。大陸政府にとって中華民国の存続は台湾統一交渉にとって有利であり、台湾にとっても中華民国は台湾の護身符のような役割を果たしているのだ。

前述したように、「九二共識」を認めている台湾の国民党も大陸の共産党も、台湾は中国の一部であるという認識に立ち、民進党の独立運動に反対するという点では共通している。

大陸政府にとって、主要な敵は中華民国ではなく、台湾独立を推進する民進党なのである。

そのため、中華人民共和国にとっても、中華民国の存在意義は大きい。というのも、台湾の憲法は中華民国の憲法であり、憲法には台湾は独立国家ではないという文言が明記されているからだ。

　つまり、「中華民国」が存続する限り、台湾独立の実現は困難なのだ。

馬英九の異例の大陸訪問

　2015年11月7日、習近平国家主席と馬英九総統が、シンガポールで会談した。最高指導者同士が会談するのは、1949年の分断以来、初めてのことであった。

　加えて2023年3月、馬英九は「故郷へ墓参りする」という名目で大陸を訪問した。香港生まれの彼にとって、初めての大陸訪問となった。

　これらは、中国政府が中華民国を黙認している好例だろう。

　とりわけ2023年の大陸訪問は、異例なことであった。馬英九が先祖の墓参りを希望していたことは確かだろう。しかし彼にとっては、中華民国の存在を示し、みずからの治国の功績を大陸で宣伝することが、最大の狙いであった。

　馬英九一行は台湾から上海に入り、上海、南京、武漢、長沙、湘潭《しょうたん》、重慶、上海の順で各地を歩き回った。これらの都市はいずれも中華民国とゆかりの深い場所である。

　南京は中華民国のかつての首都で、中山陵には孫文の墓がある。武漢は清王朝を滅ぼした「辛亥革命」蜂起の地である。

　長沙と湘潭は多くの国民党軍将軍の出生地と抗日戦争のおもな戦場である。重慶は抗日戦争期間中の第2の首都だ。

上海は大陸が中華民国だった時代に、もっとも経済と文明が進展した大都会である。

しかし、馬英九は北京へは行かなかった。行こうとしなかったのである。北京は中華人民共和国の建国を宣言した地だからであろう。馬英九が北京へ行ったら、「各自表述」が崩れかねない。

中華民国賛美の言行を阻止せず

大陸訪問中、馬英九は一般の大陸在住台湾人がやれば逮捕される可能性が高いようなことまで行った。

南京で、多くの大陸市民の前で書道を披露し、署名とともに中華民国の元号を記した。

さらには、本籍地である湖南省湘潭県を訪れ、先祖の墓参りをした際、墓前で2008年と2012年の総統選で中華民国総統になったことを報告した。しかも、それを現地の案内役の役人や取材の新聞記者、多くの村民の前で堂々と喋った。

これら中華民国の存在を示す文字や言葉を、多くの人の前で披露することは、通常は重大な事件となる可能性が高い。中国政府は中華民国の存在を徹底的に否定してきたからだ。しかし、馬英九はあえてこのタブーを破ったといえる。

馬英九はさらに破格な発言をした。湖南大学でシンポジウムを開いた際、「わが国の憲法では、大陸と台湾はいずれも中華民国に属すと記されている」と大っぴらに語ったのだ。

馬英九の大陸訪問は台湾問題において大きな事件となったはずだった。ただ、同時期に蔡英文総統がアメリカを訪問し、世界から注目されていたこともあり、大陸政府は馬英九の墓参りを許可し、世界の視線を中国大陸に向けさせようとした可能性もある。

いわば、馬英九の中華民国賛美の言行を黙認してでも、台湾独立の動きを反対・阻止するために、馬英九を対抗馬として利用した可能性があるのだ。

もっとも、馬英九の中華民国賛美は、大陸の主流媒体に掲載されることはなく、こうした言動を目の当たりにした人のＳＮＳから流出しているものである。

台湾統一で台湾ドルはなくなるか

実は、筆者にとって大変気にかかることが一つある。それはもし中台統一が実現したら、台湾ドルはどうなるかということだ。

中国本土では、台湾は中国の一部であり、中華民国はもはや存在しないことを前提とした宣伝や措置が徹底しており、違反してはならない。

たとえば、海外のメーカーが台湾でものをつくり、中国本土向けに輸出する際、「中国台湾製造」と明記しなければならない。「台湾製造」の表示では税関の検査に引っかかり、輸出できない。

台湾人は台湾パスポートでは中国本土に入れない。事前に、中国政府が世界各地に設置する事務所から「回郷証」（里帰り証明書）を申請しなければならない。台湾パスポートの使用は禁止されている。

台湾ドルには「中華民国」の4文字が大きく印刷されているので、おそらく中台統一後には使えなくなるだろう。このことは台湾人にとって、とても受け入れられるものではない。

台湾ドル廃止により、一生の財産が消滅することを恐れる台湾人も少なくない。

台湾統一後、台湾では一国二制度が実施され、50年の間に生活が変わらないといわれているが、財産は何世代にもわたり受け継がれていくもので、簡単に手放せるものではない。

ただし、中国本土では、銀行に台湾ドルを預けることはできる。中台の取引決済に必要だからだ。

第7章

「台独分子」「スパイ」摘発の現場

本土で起訴される台湾の「台独分子」

近年、中台双方で、台湾独立運動や軍のスパイ活動などの容疑で摘発、逮捕される例が増えている。本章ではそれらのケースを紹介しよう。

中国政府のいう「台独分子」とは「台湾独立分子」のことで、台湾を中国領土から分離させ、「主権国家」にしようとする人と組織のことを指す。

2022年8月、中国の温州国家安全局は、本土に渡航した楊智淵という台湾人の男性を拘束した。楊智淵は長い間、「台湾独立」活動に参与し、中国の刑法「分裂国家罪」と「扇動・分裂国家罪」を犯した嫌疑がもたれているとされる。

この罪では、罪の軽重によって3年以下の有期懲役から死刑までの刑罰を科すことが可能だ。

中国メディアの報道によれば、楊智淵は1990年生まれで、中学校の頃からすでに台湾独立の分裂活動を始めた。「台湾民族党」を結党し、「国民投票で台湾国家を建国しよう」と積極的に鼓吹していた。

のちに民進党に目をつけられ、民進党台中市党本部青年会の会長に選ばれ、台湾独立運動の重要な幹部となっている。蔡英文の愛将ともいわれているほどだ。

楊智淵が逮捕されると、台湾側はただちに中国政府に早期釈放を求めたが、相手にされなかった。台湾側は「無実の台湾市民を逮捕することは台湾民衆の人権を著しく害し、正常な中台交流を妨げることになる」と非難した。

中国の「分裂国家罪」と「扇動・分裂国家罪」は、中国籍をもつ者に適用されることが多いが、国家転覆を考えるだけで、行動を何も起こさなければ適用はないとされる。

２０２３年４月に、楊智淵は温州検察院から「分裂国家罪」の容疑で正式に起訴された。

「分裂国家罪」に問われた台湾移住の上海人

２０２３年４月、ある男性が上海に渡航したあとに国家安全局に拘束された。李延賀という名前で、上海戸籍をもち、台湾に在住している。容疑は前述した楊と同じく「分裂国家罪」である。

李延賀は台湾人の妻と結婚し、２００９年に台湾に移り住んだ。台湾で戸籍申請し、上海戸籍の放棄手続きのために3月に上海に渡ったが、そこで捕まったのである。

中国メディアの報道によれば、李延賀はもともと上海の某出版社の編集長で、台湾に行ってからまもなく「八旗文化」という出版社を創立した。中国の歴史や少数民族文化などに関する書籍を多く出版していたが、問題点は二つあり、「分裂国家罪」の容疑に関わったといわれている。

一つは、出版物の内容が、中国の歴史や、漢民族と少数民族の関係を著しく歪曲したというもの。もう一つは、資金源が怪しいということだ。二つの問題点とも、政治的な疑惑が深いとされている。

中国の歴史と社会制度を攻撃する書物を通して洗脳工作を行い、民進党が推し進める「去中国化」(脱中国)、「台湾独立」の企てや陰謀に深く加担しているとされた。

一方、出版事業の巨額資金が民進党から出資されていると報じられている。これは、中国本土にとって、最大のタブーだ。単純な商業活動とはまったくいえないからである。李の義父は民進党の支持者でもある。

2023年5月、中国国務院台湾弁公室は記者会見を開き、李延賀逮捕について説明した。報道官によれば、国家安全局は、李延賀を妻と上海で通話、通信ができるようにしており、引き続き法律に基づいて李延賀の権利を保障すると語った。

スパイ罪で逮捕された台湾人教授と商人

スパイの罪で逮捕された台湾人教授と商人がいる。

教授は施正屏といい、定年退職まで台湾師範大学で教鞭を執っていた。

中国メディアの報道によれば、2005年から2018年までの間に施正屏は頻繁に台湾と本土を行き来して、多くの学術会議に参加したり、多くの役人や学者に会ったりしていた。

虚偽や賄賂などの手段を使って、政治、経済、社会、対台政策、「一帯一路」、アジア・太平洋戦略などのデータや情報を獲得し、台湾の情報機関に売り渡しており、報酬金額は１６０万台湾ドル（約７００万円）にも及んだという。

２０２０年11月、施正屏は４年の実刑判決を言い渡された。

続いて商人のほうだが、李孟居といい、ビジネスの傍ら、台湾独立組織の「台湾国連協進会」の理事を務めている。

中国メディアの報道によれば、２０１９年に李孟居は中国本土で武装警察が深圳に集まっているという情報をネットから得て、早速、台湾から深圳に入った。現場で武装警察の動きを潜入撮影して「台湾国連協進会」に送った。スパイ活動を終えて台湾に戻ろうとするときに国家安全機関に拘束されたという。

国家安全機関が、押収した写真とビデオを確認したところ、「秘密級」（①絶密級、②機密級、③秘密級のうち、いちばん下のランク）の軍事情報だと認定した。部隊の規模・番号・所属、集合場所、装備の種類・数量などが映っているために、部隊出動の目的、戦力、打撃目標などが容易に判明できる。李孟居のスパイ行為は中国の国家安全を著しく脅かすことになる、と政府系の新聞媒体は伝えた。

李孟居は１年10カ月の有期懲役および政治的権利剥奪２年の附加懲罰（２年の間、本土から出国させない懲罰）を言い渡された。

２０２３年９月、李孟居は台湾に戻った。

「CIAスパイ」に認定された企業家

2023年5月に中国江蘇省蘇州市の中級人民法院（地裁）は、香港の永住権とアメリカ国籍をもつ梁成運にスパイ罪で無期懲役の判決を言い渡した。また、生涯にわたり政治的権利を剝奪することを決めた。

中国メディアの報道によれば、78歳の梁成運は香港では非常に有名な企業家で、不動産・ホテル・観光・金融などの分野で活躍しており、政界・ビジネス界・市民社会団体などでは大きな影響力をもっているという。

また、米中友好団体の要職を務めるなど、長年、アメリカと中国の間の友好関係の促進や文化交流に取り組んできたと伝えられている。

しかし、輝かしい地位と名誉とは裏腹に、その正体はCIA（アメリカ中央情報局）のために働くエージェントだと明かされ、世間は驚いた。

検察側によると、梁成運は1997年からCIAのためのスパイ活動を始め、香港と本土での人脈関係を利用しながら、政治・軍事・外交・科学技術などの秘密情報を集めていた。また、香港の市民社会団体における影響力を使って、香港の学生による反中暴動に加担していたという。

逮捕された梁成運は、起訴された罪状をすべて認めたとされる。

2人の美人台湾工作員

筆者が資料を調べていると、2人の台湾女性の実名がよく出てくることに気がついた。写真も出ており、美人だ。台湾情報機関の工作員である。

この2人は美貌と金銭を餌に、台湾を訪問したり留学にきたりした大陸人から内部情報を収集していたとされる。仕事の際は偽名を使っていた。

1人は徐韵媛という。1980年生まれ。彼女にひっかかった大陸の留学生は3人いた。徐韵媛は台湾を訪れた彼らと親しい関係を結び、本土に戻ってからスパイ活動をさせていたが、彼らが国家安全機関に逮捕されたことで、事実が明るみに出た。

台湾の社会活動家も彼女の狙う対象となった。台湾の某立法委員の顧問である蔡という男は、大陸の学術交流会議によく参加していた。徐韵媛は、蔡が借金の返済に困っているのを知り、高い報酬を餌に近づいた。これに飛びついた蔡は、広い人脈を駆使して、大陸で多くの情報を集め、台湾の情報機関に売った。だが、大陸の国家安全機関に逮捕され、5年の有期懲役を言い渡された。

もう1人の女性は許佳莹という。2011年当時37歳で、大陸からの17歳の留学生を誘惑し、スパイに育てたという。

2人はあるパーティーで知り合ったが、青年は熱心で優しい許佳莹をまるで姉のように感じたそうだ。2人はまもなく恋人の関係にまで発展し、青年はセックスの魅力に溺れていった。

2014年、青年は本土に戻って大学院に上がることになった。中国の「国家重点実験工程」の研究や仕事に参加する機会が目立って増える。

これはまさに、許佳瑩にとって待ちに待っていたことだった。青年に対し、実験室の環境・設備・研究内容・学術資料などの情報提供を要請し、青年はおとなしく従った。青年が逮捕されたのは1年後のことだった。

正直なところ、中国メディアの報道内容を見ると、許佳瑩はよくも辛抱強く青年が重要な研究に関与するまで待ったという感がある。当時17歳の青年に秘密情報などあるはずもなく、利用価値は薄いからだ。くわしくはわからないが、青年の専攻が、何らかの特殊技術に関するものだった可能性もある。

退役した台湾軍幹部の約9割は大陸側のスパイ?

一方、台湾でも、大陸の台湾への浸透工作をめぐる話題に対して、日に日に関心が高まっている。

2023年2月に「日本経済新聞」が掲載したある記事は、台湾で波紋を呼び、台湾国防部(国防省)が「事実無根の作り話だ」と反論する事態までになった。日本のメディアは次のように伝えている。

「日経は2月28日、『台湾、知られざる素顔1「それでも中国が好き」』と題して台湾の退役軍人と中国の〝蜜月ぶり〟を詳らかにした。

関係者の話として、軍幹部の約9割は退役後、中国に渡って軍事情報を売り渡していると伝えている。台湾軍でスパイ行為が常態化していると指摘するもので、『蔡（英文総統）は軍を掌握できていない』と考察した。

複数の台湾メディアによれば、記事の正否をめぐり市民団体が抗議活動する事態となっている。中央通訊社は、総統府の報道官や外交部（外務省）が『深い遺憾』を表明し、国防部は『事実無根の作り話だ』と反論したと報じている」（「J-CASTニュース」2023年3月7日付）

日本経済新聞社は、台湾の読者や軍機関からの強い反応を受け、「取材対象者の見解や意見を紹介したものであり、日本経済新聞社としての見解を示したものではありません」と釈明し、「混乱を招いたことは遺憾です。公平性に配慮した報道に努めて参ります」と述べた。

台湾側でも元立法委員と元少将が「国家安全法違反」で起訴

しかし、同年3月に日本メディア（「中央社フォーカス台湾」）は、台湾メディアの報道を引用して、高雄地検が中国の統一工作に加担の疑いで元立法委員と元少将を起訴したと伝えた。記事は次のように報じる。

「台湾高雄地方検察署（地検）は16日、国軍の特定階級・軍種の元将官らを中国に招いて現地の統一派団体関係者などと接触させ、中国への取り込みや組織化を図ったとして、羅志明元立法委員（国会議員）と夏復翔元海軍少将を国家安全法違反の疑いで台湾高雄地方法院（地裁）に起訴した」

事件の経緯はこうだ。

羅はかつて中国・厦門《アモイ》で会社の董事長（会長）を務めていた。当時、某中国人と親しく付き合っていたが、彼の父親が元中国空軍の幹部だった。

一方、夏は退役後、海軍官校（士官学校）の校友（卒業生）会長になっていたが、あることがきっかけで、中国本土にある「黄埔軍官学校同窓会」や「中国和平統一促進会」の関係者らと親交するようになった。いうまでもなく、この二つの団体は「中国統一」を目指す、中国政府の支援をバックにした団体である。

黄埔軍官学校とは、1924年に孫文が設立した陸軍士官学校のことで、優秀な軍事指揮官を多く輩出してきた。国共合作の蜜月期には、蔣介石が校長を、国民党と共産党の要人らが学校の各要職を務めていた。

あるゴルフ会で羅と夏が知り合いとなり、羅が某中国人を夏に紹介した。

羅と夏の2人は2013年から積極的に活動し、台湾での人脈関係を活用して台湾の元将官らを中国に誘い込み、二つの大陸団体と親密に付き合わせていた。

台湾の元将官らは、大陸訪問中に「一国二制度」「両岸の同胞はみな家族」「平和的な統一」「台湾独立反対」といった思想教育を受けさせたという。

検察の調べでは、２０１３年から２０１８年までの５年間に、羅と夏２人の斡旋で、計48人の元将校らが十数回も大陸に渡り、孫文の生誕記念イベントに参加したり、旅行したりしていた。

この事件では、訪中団の組織者が国家安全法違反の容疑で起訴されたが、参加者たちは罪に問われなかった。

２０２３年1月、黄埔軍官学校成立99周年を迎えた。台湾メディアの報道によれば、台湾の元将官ら約５００人のところに本土側から記念大会の招待状が届いた。何人が出席したかはわからないが、大会参加自体は台湾の法律違反に当たらなかったらしい。

台湾当局は、大陸の統一工作の罠に嵌められないよう元将官らに要請した程度にとどめていた。

ここ数年、台湾でもスパイ容疑事案が相次いでいることは事実だ。２０２３年8月、台湾陸軍の中佐ら5人が大陸側の関係者に機密を漏らした容疑で身柄を拘束されたと伝えられた。現役の軍人が関与する事件であるだけに、世論の衝撃は大きかった。

海巡署女性職員が摘発される

台湾の最新ニュースを伝えよう。

台湾「自由時報」（2024年3月2日付）の記事によれば、台湾橋頭地検（高雄市）は2024年1月、海巡署の呉という女性職員を大陸への秘密漏洩の犯罪容疑で拘束した。この案件は背景が複雑で、全容解明のために橋頭地検は拘束期間の延長を裁判所に申請した。3月2日にこの申請は許可されたという。

2022年7月、海巡署「台南艦」は秘密裏に太平洋の某海域に赴いて日米の共同演習・訓練に参加したことがあった。ところがこの秘密行動の一部始終は大陸側の監視を受け、航海ルートが追跡されていた。

そこで海巡署が内部調査を行い、2023年、共同演習・訓練に参加した呉の秘密漏洩容疑が浮上した。

呉は金銭のために情報を提供したことを認めたという。

日本民間人をスパイの危険に曝しているのは誰か

中国の「反スパイ法」について、日本ではさまざまな議論が行われている。中国でスパイ容疑で逮捕された日本人が十数人いるため、不安の声も少なくない。

私がさまざまなケースを調べたところ、一般民間人にとって、主に下記の二点について注意すれば、スパイ事件に巻き込まれることはないだろう。

①情報機関（組織）に参加しないこと
②情報機関（組織）の者と接触しないこと。

①は容易に理解できるだろうが、②については、どう理解すればいいだろうか。
実は、筆者はネットで、『中国「改正反スパイ法」への懸念が拡大中！ 民間人を危険にさらす公安調査庁の活動とは？』（「週プレNEWS」2023年8月22日付）という文章を読み、非常に要領を得たいい文章だと思った。作者は吉井透氏という方で、かつて中国在住のフリーライターとして約10年間も活動したことがあるという。

作者は次のように語る。

「しかし中国から〝スパイ呼ばわり〟されることについて、日本政府は心当たりがあるはずだ。私が知る限りにおいて、情報機関である公安調査庁は民間人に対し〝情報提供依頼を〟恒常的に行なっている。そしてその対象は中国関連の情報も含まれている」

作者は、自分が遭遇したことを書いていた。いまから6年ほど前に中国で知り合った日系企業の元駐在員のA氏と一緒にある飲み会に出た。そしてその時にA氏の友人で、公安調査官もやってきた。A氏と公安調査官もなにかのきっかけで知り合ったらしい。作者とその男性も友人になった。飲み会では、とくに中国情報の提供といった話はなかった。

「しかしそれから2ヶ月ほどしたころ、すでに中国に戻っていた私の元にその調査官からメールで連絡があった。〝中国の軍人の生活や生活水準についてわかることがあれば次回帰国時に教えてほしい〟そんな内容だったと記憶している。私はそのメールを直ちに削除し、メールを受信したスマートフォンも後日処分した。そしてA氏を通し、その調査官にメールで連絡をよこさないよう伝言してもらった」

作者は困惑し警戒し始めた。いままでこのようことをした日本民間人が中国で逮捕されたニュースを思い出したからだ。

作者は、現在、中国在住あるいは中国を行き来をしている日本人で、公安調査官と付き合いのある人は、直ちにその関係を断ったほうがいいと呼びかけていた。

「2016年に中国拘束され、その後6年の実刑判決を受けて服役した鈴木英司氏も、その後に出版した著書『中国拘束2279日』の中で、公安調査官と交流があったことを認めている」（同ネット記事）

あくまで参考までに掲載したが、スパイ防止法で狙われるのはどのような人物か、ということの参考になると思う。

コラム

不況社会に現れた怪奇な稼ぎ方

レストランで食器の使用が有料化

中国の経済状況はすでに述べたように、不動産バブルが弾けるとともに次第に悪化しつつある。それにともない、社会でもさまざまな変化が始まっている。

中国のレストランで食事をする場合、中華料理を選ぶことが圧倒的に多いだろう。中華料理は料理の種類が豊富なため、それにともない食器の種類も多岐にわたる。基本的な食器としては、箸、湯飲み、茶碗、皿、スプーンなどがあるが、現在、これらの基本的な食器に対して使用料を徴収するレストランが増えている。

２０２３年12月、「潮新聞」（浙江省政府傘下の新聞）は、地下鉄沿線の各駅周辺のレストランが食器の使用料を徴収しているかどうかについて調査を行った。調査すると、調査対象となった50軒のレストランのうち、１軒を除く49軒が客から食器使用料を徴収していることが明らかになった。

日本では考えられないことだろう。中華料理にかぎらず、日本の飲食店で箸や皿を頼んで料金を取られるということは、まずない。取り皿を頼めば持ってきてくれるし、箸やスプーンを落としてしまったら、すぐに新しいものと交換してくれる。割り箸のような使い捨てのものでも、断られることや料金を取られることはない。

もちろん中国でも、以前はそのようなことはなかったが、それがいまでは、料金を支払わなければ食器をもらえない店が増えてきているのだ。

基本的な食器はラップで密封され、「消毒済み」のラベルが貼られて食卓に並べられる。これらを使用すると、1セットにつき1～2元の使用料が発生する。ところが多くの人は、有料であることを知らずに食器を使用してしまう。無料で使用できる食器があるか尋ねても、存在しないと回答されることが多い。

食器が有料の店を避けようとしても、他店でも同様であり、また、面子を保つために文句を言わずに有料の食器を使用する客も多いのだ。

現在は食の安全に対する意識や健康志向が強くなっているため、「消毒済み」の食器が好まれる一因となっている。また、新型コロナの流行により清潔志向が高まったことも、食器の有料化を容認する素地となったといえるだろう。

手抜きで利益拡大も

しかし法律の面では、食器の有料化には大いに問題がある。

現状のやり方は、中国の法的に以下の三つの点で疑問視されている。

①食器を有料化するならば、同時に、無料提供できるものも用意しなければならない。客には選択する権利があるからだ。

②有料の食器しかない場合、事前に客にそのことを示し、了承のうえでサービスを提供し

なくてはならない。

③飲食店にとって、食器を清潔に消毒し、客の健康を守ることは当然のことである。

ここ数年、中国社会は金銭至上主義になり、商売人は少しでも儲けようと、理由をつけて消費者から金を取るのが当たり前になった。とりわけ、景気が悪化してくると、消費者にしわ寄せが転嫁されることが目立って増える。

現在では、レストランでのティッシュ使用も有料となっている。長い間、不景気が続いた日本ですら、そのようなことはなかった。

店側は客の健康のために必要なことで、徴収するのも最低限の料金だと主張するが、実際のところはどうなのだろうか。

店側が主張するような本格的な消毒作業をやろうとすれば、「ゴミ除去」「ざっくり洗い」「超音波洗浄」「丹念洗い」「漂白」「消毒」「包装」「検品」と八つの工程を通さなければならない。

専門の設備が必要なので、外注するケースが多いが、コストを節約しようと、見かけだけ綺麗に取り繕い、消毒工程を手抜きするレストランも決して少なくない。結局、客の健康も利益も損なわれることになる。

食器1セットの消毒コストは平均6角（0・6元）程度だが、客から1元の使用料を取れば、0・4元の利益が出る。1日100〜200人の客が来店すれば、40〜80元を儲けられる。月に1店舗で1200〜2400元の利益が生まれることになる。

学校での「昼休み」までが有料化

2023年8月29日、中国の光明日報新聞社（中央政府傘下の新聞社）のサイト「光明網」で、広東省東莞市のある小学校が昼休みの有料化を実施するというニュースが流れ、大きな波紋を呼んだ。

報道によると、東莞市の虎門捷勝小学校では、昼休みを有料化とする規定を実施するという。料金表によれば、机に伏せての休憩は1学期200元、寝具を使っての休憩は1学期360元、ベッドのある休憩室を利用しての休憩は1学期680元とある。

記者の取材に対して学校側は、「昼休み有料化制度について、生徒が利用するかどうかは、まったく自由選択の権利がある。決して強制的なものではない。家に戻って昼休みを取るのも結構だ」と説明する。

さらに学校側は、これらの有料サービスは政府の正式許可を取っていると付け加える。

中国人の場合、面子が重要であるため、みなが金を支払って学校で休憩しているのに、自分だけ昼休みに家に帰って休憩を取る生徒はいないだろう。選択の自由があるといわれても、実際には断れないはずだ。

政府の関係部門は、「昼休みの有料化によって増える収入は、教師の残業手当にする考えだ」と真意を漏らす。

前述したように、中国では不動産バブルが弾け、土地価格が急落している。地方政府はこれまで、土地の使用権を不動産会社などに売却し、得た利益を財源としてきた。それは地方政府の収入の3～4割も占めてきたのだ。

しかし、不動産不況により収入が減ったことで、地方政府の財政が逼迫し、全国的に公務員への給料削減や未払いが続出していることは述べたとおりだ。

生徒の父母たちは、「寝具を使った休憩なら有料も理解できるが、机に伏せて休憩するのも有料になるとは、思いもよらないことだ。今後、立ったままの授業は無料だが、椅子に座っての授業は有料になるかもしれない」と、苦情まじりに不安を語る。

中国の学校では、さまざまな名目で教育費を徴収されるため、とにかくお金がかかる。そのうえでさらに「昼休み有料化」というのは、あまりにも荒唐無稽だろう。

横行する「罰金経済」

このように、民間のレストランや公共教育において、さまざまな金銭徴収が始まっている。もっとも、レストランでの話はすでに広く見られることだが、学校での「昼休み有料化」のような徴収はそれほど多くはない。

ただし、地方政府自体も、さまざまな理由をつけて金銭を民衆から吸い取ろうとする動きがある。

２０２３年６月９日付の「毎日新報」（天津市政府傘下の新聞）が伝えたところによると、「上海米帆餐飲」という食品販売会社が、炒めた料理の上に生のきゅうりの千切りをのせたことで、当局から罰金を科されてしまった。「冷菜生産販売」の経営許可を得ていなかったのが理由で、食品安全法違反で政府管理部門から５０００元（10万円）の罰金を命じられた。

このような食品安全法違反は、「上海米帆餐飲」以外の別の食品関連会社にも頻発しており、処罰が相次いでいる。

筆者が食品関係の法律を調べたところ、たしかに法律では、食品生産の管理について細かい規定が制定されており、冷凍食品、保健食品、生の食品、菓子などいろいろ分類があって、温菜と冷菜も分けられている。すなわち、生産者が分類項目に応じて関係当局に生産許可を取らなければならないのだ。

法律は守らなければならない。しかし、冷菜生産がメインの会社が冷菜生産の許可を取ればいいだけであって、温菜にきゅうりの千切りが少しくらい入ったからといって、法律違反で処罰されるほどのことではないだろう。

冷菜生産の許可を取るには、冷菜生産の加工設備を揃えなければならず、非常に多くの費用がかかる。こうした資金は中小企業にとって重い負担となる。生産者の自律性に任せればいい話で、ここまで細かく厳しく監督し、重大視する必要があるのだろうか。

多くの人が、地方政府がなにかにつけ細かく罰則を科すのは、「罰金経済」が原因だと囁いている。「罰金経済」とは、罰金によって自治体や組織を維持するということだ。実際、不況に見舞われると、罰金が目立って増える。市民の言い分には一理あるかもしれない。

中国の公務員には、日本と同じように国家公務員と地方公務員がある。国家公務員の給料は半分を中央政府が支給し、半分を勤務地の税収入に頼る。地方公務員の給料は半分を各省の財政部門が支給し、半分を勤務地の税収入で賄う。

税収入に対して、行政収入というものもあり、手続きに関する手数料や違法行為に関する罰金などがそれにあたる。各省や直轄市の税収入の一部は中央政府に上納しなければならないが、行政収入の部分はすべて現地政府の金庫に入り、上納する必要はない。

そのため、一部の地方では罰金経済が流行り、収入不足や地方債の償還を補うための財源にしているのである。

こうした罰金経済のうち、交通違反の罰金がいちばん多いといわれ、市民からの苦情も最多だ。とくに、交通誘導指示がわかりにくい場所には、必ず監視カメラがどこかに隠されており、うっかり違反をすると、数日後に罰金通知が送られてくる。

わかりにくい指示で、わざと違反を誘発し、罰金を取ろうとしていると、憤る市民も少なくない。

そして現在は、食品が狙われている格好だ。

政府は罰金経済を取り締まるが……

雑誌「財経」（中央政府企業である中国中信集団が発行する雑誌）の調査によれば、2022年、広西チワン族自治区では罰金による収入が130億元に達しており、年間税収入の14％にも及んでいるという。広西チワン族自治区は経済的に少々立ち遅れており、中国31の省級行政区（直轄市を含む）のなかでは、GDPは中間ほどの位置である。

また、「財経」によれば、2022年の中国都市収入ランキング1～40位に入る都市では、計194万社の企業が倒産したという。これは全国企業の7％にあたる件数だ。

コロナ禍が主因だろうが、罰金経済も影響していると思われる。

2023年10月20日、中国国務院の李強総理は、国務院常務会議を開き、「国務院が一部の罰金項目を取り消し、または調整する決定案」を決議した。

「界面新聞」（上海市政府傘下の新聞）はこの決定案について、「行政処罰の自由裁量権を厳格に規制し、乱暴な罰金行為を力強く取り締まろう」と高く評価した。

中央政府も罰金経済による弊害を意識しているわけだ。筆者は、罰金経済への取り締まりにより、健全な経営環境が築かれることを強く期待している。

黄河の水が有料化

続いて農村部の現状を見る。

ここ1年、「田畑を灌漑するために黄河から水を引くことが有料になった」というニュースが伝わり、ネット民の間で大きな話題となった。

「中国4000年の歴史のなかで、黄河の水が有料化されたとは初耳だ。こんなばかげたことが許されるのか」という厳しい批判の声が上がった。

中国には二つの大河がある。一つは揚子江、もう一つは黄河だ。黄河は「母なる河」と呼ばれ、その流域は中国文明発祥の地とされてきた。

古代中国人は黄河流域で世代を重ね、数千年にわたる農耕社会では黄河の水を利用して農作物を育ててきた。そのような悠久の農耕社会の歴史のなかで、黄河の水が有料化になったと聞いて驚くのは当然だろう。

筆者も、信じがたい話だと思って、資料を調べてみた。実際には、中国水利部が制定した黄河管理の法律があり、有料化を定める条項がしっかりと記されていた。

たしかに、黄河の水を使うためには金が必要で、法律はすでに10年前から施行されている。

しかし、くわしく見てみると、取水場所や取水量などの条件をクリアすれば、普通の農家は黄河の水を無料で使えることがわかる。

たとえば、ダムの近くでの取水や10㎥／s以上の農業灌漑用水であれば有料だ。10㎥／sとは、1秒間に10立方メートルの水が取水されることを意味するが、普通の農家でそこまでの量を使うことはない。

つまり、法律の適用に誤りがあると思われる。地方政府が財政難の対策として、法律を口実に農家から水の使用料を徴収している可能性が高い。

数年前は一戸の農家から年間7元や8元を徴収していたのが、現在は100元に増額されている。納付しない農家には医療保険への加入を拒否するところも出ている。

このように、地方政府の一部の無法な役人はどこもかしこも、あの手この手で庶民から巻き上げようとしているわけだ。

かつて賑わった性産業はいまどうなっているか

筆者はこれまでに、中国人の性事情に関する本を4、5冊出版した。中国では日常会話で命のことを「生命」とはいわず、「性命」という。これは「性愛」や「セックス」がなければ「人間の命」が成り立たないという考えに基づくからだろう。中国人の「愛」と「欲」と「性」への情熱的な渇望が垣間見える。一方、「生命」という言葉は、中国では詩作や医学論文など特定の文脈でのみ使用される。

約40年前、中国は西側の投資を呼び込む改革開放政策へ舵を切った。外資の進出と経済の活性化により、庶民の生活は豊かになった。それと同時に、性意識の解放を含む性文化の大革命が起こった。毛沢東時代の厳しい禁欲主義と比べ、現在の社会は大きく変わった。性意識革命が起こる一方で、売春という社会問題も浮上している。14年前に出版した本では、「中国で性産業に携わる人は500万人以上、年間収益は1兆円にも上る」と記述したが、現在の性産業はどうなっているのだろうか。

過去5年間、米中貿易摩擦、コロナ禍、経済不振などが相次ぎ、若者たちのセックスライフにどのような影響があったのか。色街はまだ健在なのか。売春婦たちは心を入れ替え、どこかで真面目に働いているのだろうか。

最大の色街だった東莞の現在

中国色街のナンバーワンといえば、広東省東莞市だった。かつて中国セックス産業の「王城」とも呼ばれていた。

40年前は小さな田舎の町だったが、改革開放により1990年代から外国企業が進出し、のちに1000万人の人口をもつ世界の加工工場となった。面積はほぼ東京都と同じであるが、世界の洋服と靴の10分の1、パソコンの5分の1、子供の玩具の3分の1はここから出荷されている。世界の有名メーカーの工場が東莞に林立しており、多くの日系企業もこの地に工場を建てた。

２０００年代頃まで、東莞の経済は毎年20％以上という驚異の成長率で発展していた。市民の暮らしは非常に豊かになり、衣食住や娯楽、遊びなど、欲しいものがあれば、何でも手に入れて満足できるようになっていた。

セックスライフの変化はそのなかの一つだった。

経済発展にともない、多くの出稼ぎ労働者が東莞市にやってきた。同時に、10万人といわれる娼婦が全国各地からこの地に集まった。１００人に1人という割合だから多すぎる。性産業が繁栄し、東莞市は「性都」とも呼ばれるようになった。

一方、経済発展著しい都会では、間違いなく「欲」「金」「色」（色とは性のことであるが、売春ではない）が隅々にまで充満する。この条件と環境に恵まれなければ、投資家も労働者も集まらないだろう。

東莞の娼婦の性的サービスも特別のもので、「東莞式ＩＳＯサービス基準」というものが実施されていたそうだ。

ＩＳＯとは「国際標準化機構」のことであり、同組織が定めた国際的に通用する規格をＩＳＯ規格と呼ぶ。このＩＳＯ規格に合致した製品は、世界標準であるということになる。

要するに、東莞の性的テクニックは、お客さんも１００点満点をつける超一流のものだということを示すのが、「東莞式ＩＳＯサービス基準」であり、こうした呼び方で、店の経営者たちが誇るらしい。

店はサービスを受けた男性に採点用の調査票を渡し、満足度を十数項目にわたって調べていた。そこまで気を使っていたのだ。

遊郭の風景は雲散霧消

中国ナンバーワンの色街として名を馳せた東莞市だが、いまではすっかり姿を変え、健全な街づくりを進めている。マイナスのイメージから脱却し、かつて賑わっていた遊郭の風景は消え去り、売春婦はどこにもいない。

2014年、警察は本格的な取り締まりを開始し、街の売春宿を徹底的に破壊した。30年近く続いた性産業の繁栄に終止符が打たれた。

東莞市が長い間、売春を容認してきた理由は何か。2014年になぜ、警察が大規模な取り締まりを行ったのか。一つの原因は、改革開放の初期は外資誘致を優先し、売春の問題をある程度容認していたことにある。

さらに、警察内部には売春組織と結託し、暴利を貪る者もいた。性産業の規模が東莞市のGDPの7分の1にも達していたため、腐敗警察や腐敗役人の資金源として狙われていたのだ。

当時、売春容疑のある店に対する通報も少なくなかったが、警察が現場に駆けつけると、すでに明かりも消え、店じまいされているようなケースも多かった。明らかに警察内部から情報が漏れていた。

２０１５年２月６日、中国公安部は記者会見を開き、２０１４年以来、全国の公安機関が取り組んできた重大な治安問題を紹介した。犯罪行為を厳重に取り締まったことで、全国で指定されていた１３４件の凶悪事件がすべて解決されたという。

東莞の売春問題も、警察の働きによって解決されたと発表された。売春に関わり職務を怠った疑いのある政府要人と公安警察36人が処分され、そのうちの17人は刑事責任を問われ逮捕されたという（「新聞晨報」〈上海市政府傘下の新聞〉２０１５年２月７日付）。

逮捕されたなかには、現地の公安高官もいたことは間違いない。

新指導部の誕生以降、警察トップが逮捕されるように

東莞市の性産業が壊滅した背景には、中国共産党の新指導部の誕生があるだろう。

２０１２年、習近平が中国共産党の総書記に選出され、新指導部が誕生した。同年、元中国共産党政治局常務委員で中国公安、司法のトップにあった周永康《しゅうえいこう》が職権濫用、収賄、国家秘密漏洩の罪および女性問題で逮捕された。この事態が、２０１４年に東莞で売春ビジネスへの大規模な取り締まりが実施された一因であると思われる。

周永康は、長年、中国で生活していた筆者にとっても、非常に恐ろしい存在だった。彼は長い間、中国警察と司法の指揮権を握り、中国の法律を無視して多くの冤罪や法律違反

の裁判を生み出していたからだ。
1976年に「四人組」が逮捕されて以来、政治局常務委員が逮捕されたのは周永康が初めてで、37年ぶりの出来事だった。

性産業は「地下河川」へと

ところで、東莞の性産業は壊滅したが、いうまでもなく、中国から売春が消えたわけではない。

広いホールで女たちがセクシーな衣裳を身にまとい、列をなして愛嬌ある声で「いらっしゃいませ」と男たちを迎える光景は、もうどこの地方でも見られない。

しかし、かたちを変えて性産業は依然として続いている。厳しい取り締まりを受けても、地下河川のように地上から地下へと潜り込み、勢いが衰えずに膨らんでいる様子を見せている。つまり、一つの巨大な地下産業として成長しているのだ。

この変化には10年近くかかった。最大の理由は、中国で2000年からインターネット技術が急速に普及し始めたことにある。「いらっしゃいませ」という女性の声は聞こえないが、性産業は見えないところで、ハイテクの力を駆使して勢いよく展開されている。

性的暗号が氾濫するSNS

インターネット世界における性的取引は、基本的に発覚することは稀で、隠蔽性が非常に強い。SNSはその一例で、男女交際アプリを使えば、簡単に性的情報を発信できる。さらに、ウィーチャット（LINEと同じ）を利用すると、2人だけの密閉された空間にいるため、詳細な性的取引が容易になる。このような「場所」では、売春行為の摘発はほぼ不可能だろう。

性的情報の発信は暗号化されることが多く、立証は非常に困難だ。たとえば、SNSを使用した売春では、次のような「暗号」が使われる。

「喝茶」（お茶を飲む）
「新茶已到」（新茶が入荷する）
「你今天来喝茶吗?」（今日お茶を飲みに来ますか）
「最近茶叶怎么样?」（近頃、お茶の味はいかがでしょうか）
……

これらの「お茶」はいずれも符丁で、女性を指す。

また、SNSは、通常では一生会えないかもしれない人たち、どこにいるかわからない人たちが集う交際の場としての特徴ももつ。
そのため、売春組織者と売春婦たちは、一度も面識のない「赤の他人」のような関係であることも多い。その結果、売春婦が捕まっても、刑法上、より罪の重い組織運営者の居場所を突き止め、法で裁くことはほとんどできないのだ。

売春事件の発生件数について

２０２１年４月、浙江省政府はホームページで、２０１５～20年までの5年間に摘発された売春事件が18万２７３７件に上ったことを発表した。１日１００件の売春が摘発された計算だ。水面下のものも含めれば、実際の売春行為はその１０００倍は発生しているのではないだろうか。

２０２３年３月28日付の「上海法治声音」（上海市政府系ネットニュース）によれば、２０２２年に警察が全国で摘発した売春と賭博の治安事件は、40万件あまりにのぼっているという。

日本では売春を犯罪事件とするが、中国では売春（組織者を除く）が刑事犯罪にならず、治安条例違反の不法行為と見なされる。賭博については少人数で金額が小規模ならば、同じく刑事犯罪にならず、治安条例違反の不法行為と見なされる。

前述の検挙数で、売春と賭博が半々だとすると、売春は毎日５４８件摘発されていることとになる。

ただし、日頃、警察が発表している摘発事件はほとんどが売春事件で、小規模の賭博事件にふれることは稀である。実際には、売春の摘発件数は賭博を大きく超えているはずであるから、2倍だとすると、売春が毎日1000件あまりも発生している。そして、摘発されない地下売春事件の数は計り知れない。

驚くことに、ゼロコロナ政策の終了宣言が行われたのが2022年12月である。ということは、ロックダウンの時期に、これだけの売春が行われていたということだ。

売春に対する法律の定義は曖昧

しかし、よく考えてみると、一つの不可解な点に気がつく。それは中国警察がいう「売春」とはいったい何を指しているのか、ということだ。法律の根拠は非常に曖昧で、定められていない状態なのである。

日本では、金銭目的で不特定の男女が行う性器結合による性的行為が法律違反の売春行為と見なされるが、中国では法律がはっきりしておらず、明確な定義がない。

10年前までは、手コキ、パイずり、指入れなど、セックス以外の性的行為は罪を問われることがほとんどなかったが、現在は売春行為と見なされ、取り締まりの対象となっている。

「売春」とは何か。有識者、法律専門家、一般市民および警察の間で議論が盛んに行われているが、法律論より警察の判断のほうが強い。大規模な売春摘発がどんどん進んでいる。

少し古い話だが、売春論争についての面白い話を紹介しよう。２０１１年7月、広東省仏山市の警察は、数名の女性を雇って客に「手コキ」の性的サービスを行う場所を提供し、組織的に売春活動を行った疑いで、市内のある理髪店の経営者を逮捕した（「銭江晩报」〈浙江省政府傘下の新聞〉２０１３年6月27日付）。組織売春を行った者に対しては、最高で死刑を言い渡すことができる。

検察側は経営者を起訴したが、経営者は、中国の法律に「手コキは売春行為」だと書かれていないと主張し、自分の無罪を訴えた。結局、経営者の言い分が認められ、検察側は告訴を取り下げた。

現在では、このような話は絶対に見られない。警察は容赦なく逮捕し、そうなると15日間の拘束と罰金５０００元が科される。逮捕は不当だと裁判に訴えても、ほとんどが敗訴になる。

これは罰金経済ではないかと批判する声もあるが、ほとんど相手にされない。

「大数据掃黄」の威力

中国を旅行する外国人観光客は、ここ5～6年間で激減した。街角でほとんど見かけない。おもな原因はコロナ禍による入国制限だが、米中貿易摩擦の激化、反スパイ法の強化やモバイル決済の普及も要因である。

中国ではモバイル決済が広く普及しており、ほとんど現金が使われない。ある日本の友人は半信半疑で、何度も筆者にこのことを確認したが、これは本当のことだ。筆者は中国に長くいて目にしてきたから、間違いない。

実際、困っているのは外国人観光客だけでなく、海外の華人も同様だ。モバイル決済ができないと、空港から一歩も出られないほど移動が不便なのだ。

こうした不便さが災いして、外国からの観光客が減少している。

なぜこの話をするかというと、実際にいま中国では、警察が「大数据掃黄」（ビッグデータによる売春取り締まり）という、売春行為の摘発を積極的に進めており、かなりの成果をあげているからだ。

前述したように、インターネットの世界での売春違法行為の取り締まりはかなり難しい。しかし、警察も対策を講じている。「大数据掃黄」はその一例だ。

警察は銀行からモバイル決済のデータを取り寄せ、膨大な量のなかから特徴のある取引のデータを抽出する。夜間の時間帯に、600～1000元という金額の決済がある場合、「売春」の疑いありとして、捜査が始まる。

銀行は実名登録であるので、両者が男と女の関係であることがわかれば、ほぼ容疑が確定される。

女性が店でマッサージの仕事をしている場合、的中率は非常に高い。不自然な夜間の支払いや、普通のマッサージにしては値段が高すぎる場合、警察が女性を呼び出して調べると、売春を認めるケースが多い。

モバイル決済の社会は、男性にとって便利さと不便さがあるのだ。

売春婦を待つだけでも違法

この話題をわかりやすく伝えるために、次の「例え話」をする。

夜、男が街をぶらぶらしている。女遊びをしようと性欲に駆られて、出会い系のアプリを使って売春婦と連絡を取った。

ホテルの場所や時間、そしてサービス料金の金額を決めてから、男がホテルへ向かう。だが、彼はホテルの入り口の前でなぜか足を止めた。どんな思いが浮かんだかはわからないが、とにかく行動を中止しようとした。

しかし、そのときはもう遅かった。近くで待ち伏せていた警察に包囲され、警察署に連行されてしまった。警察からは、売春婦を買おうとした容疑だと告げられる。

男は「自分は何もしていない、女の顔さえ見ていないのに、なぜこの容疑で逮捕されるのか」と弁解しようとしたが、無駄だった。男は拘束され、多額の罰金処罰を受けた。

この話は、実際に起こっていることだ。山東省などでは、このような事件が数件発生している。「等待嫖娼」（売春婦を待つだけでも違法の意）という言葉が若者たちの間で流行っており、知らない者はいないほどだ。

警察の言い分では、売春婦を買うことは、必ずしも売春婦とセックスをすることではなく、そのセックスの目的を達するまでの準備時間や女との取引（場所や金銭など）の交渉も違法行為とされる。言い換えれば、売春婦に「もしもし」と声をかけたときから、警察は逮捕することができるということだ。

ただし、法律の根拠が乏しく、法律専門家と一般市民の間で、このやり方の合法性について熱く議論されている。

騙されて腎臓を取られる若者も

最近、重大な社会事件として、「缅北电信诈骗」（ミャンマー北部の電信電話詐欺犯罪集団）という刑事犯罪事件が有名になっている。中国人ならほとんどがこの事件を知っている。

たとえば、誰かがミャンマーへ出稼ぎに行くと言ったら、周りの人たちは、彼ともう二度と会えないと思うだろう。たとえ、戻ってこられた場合でも、彼の体をじろじろ見て、「君、腎臓がまだあるの」と真剣に聞くに違いない。中国語では「割腰子《グーヤオッ》」といい、腎臓が切り取られていないかと周りから心配されるのだ。

笑いたくても笑えない海外犯罪事件である。

この詐欺事件は6、7年前から始まったが、犯罪手段や被害があまりにもひどいため、1年前から真相が暴かれ始め、中国国内の人々から重大な関心を集めていた。

詐欺犯罪集団は、ミャンマー北部に拠点を置く中国系の者たちで、ミャンマー国籍もいれば、中国国籍もいる。いくつかのグループが存在しており、優良な兵器で武装しているか、現地の地方武装勢力に保護されているかであった。

SNSや電話を使い、「ミャンマーで大儲け」とウソの宣伝で貧しい若者たちを騙し、ミャンマーに連れ込む。訓練を経て、同じくSNSや電話を使って国内の中国人らを標的に、詐欺を行わせるのだ。

犯罪取り締まりの警察と自称して、被害者に大金を振り込ませて騙し取るというのが、おもなやり方だった。被害総額は数億元にものぼるという。日本でも同様の詐欺事件があったが、手口も同じだ。

もっとも、国内の中国人が戦慄したのは、ノルマに達しない者に対する処罰の場面を撮った動画が、外部に流れたことだ。吊り下げられ、電気棍棒などによる拷問の様子が映されている。死ぬほど悲惨な叫び声に胸を痛める。

役に立たないと認定されると、腎臓を取られて売り飛ばされる者もいれば、売春屋に売られる者もいる。生き埋めになる者もいる。とにかく無法で極悪非道の犯罪グループであった。

２０２３年11月頃、中国側は武装警察を出動させ、現地の親中武装組織とも手を組んで、ついにこの詐欺犯罪集団を壊滅させた。

この事件は、不景気のなかで、若者が高収入の仕事への憧れをもち、甘い言葉に騙されやすい現在の世相を反映しているのだろう。

第8章

中台と日本をめぐる領土紛争

南シナ海での中比領土紛争

2023年8月6日、フィリピン政府は、南シナ海のアユンギン礁（英語名：セカンド・トーマス礁、中国名：仁愛礁）付近で、フィリピンの補給船が中国海警局の船舶から「危険で違法な放水を受け、補給活動を妨害された」として抗議し、こうした違法行為の即時停止を求めた。

また、フィリピンに駐在する中国大使を呼び、マルコス大統領からの抗議文書を渡した。同海域付近は、中国とフィリピンが領有権をめぐり激しく対立しているが、フィリピン側は老朽化した軍艦をセカンド・トーマス礁近くに意図的に座礁させ、そこに少人数の部隊を置いて実効支配している。補給船はこの部隊へ必要物資を運ぶためのものだ。

フィリピン側の抗議に対し、中国側は「法律に基づいて衝突を避けるために放水砲で警告した」と主張するとともに、前述の軍艦を撤去するよう求めた。

当然ながら、中国国内の世論は、中国政府の措置を支持する声が圧倒的に多い。ある中国人は、「フィリピン軍艦をあたかも事故で座礁したかのように装い、これを24年にもわたって放置し、非法的な居座りを続けて、わが国の領土を占領しようとしている。武力行使をしてでもわが国の主権を守りたい」と語った。

両国の緊張が高まり、軍事衝突すら懸念され、危機一髪の様相を呈していた。多くの中国人は、フィリピンは小さな島国だから、やっつけてやろうと思っていた。

しかし、約2週間後、事態は一変した。中国側は「人道主義の立場から」という理由で、「臨時特別手配」を行い、フィリピン側の補給活動阻止を解除した。

これによりフィリピン側は、兵士の交代と食料、水、燃料の補給作業が可能になったが、フィリピン政府は「中国から許可をもらう問題ではない」と反発している。

このように中国政府は南シナ海のほぼ全域にわたり、島と礁などの領有権を宣言している。セカンド・トーマス礁はフィリピンから200キロメートルの位置であるのに対し、中国大陸からは1500キロメートルも離れており、距離の差が目立つ典型例である。

南シナ海をめぐる紛争は、おもに中国、ベトナム、フィリピンの3カ国の間で行われている。

日本の『防衛白書』は、中国の軍備拡張について、10年間で予算が2・2倍増になったと伝えている。いうまでもなく、南シナ海での軍事力増加が進んでいるのである。

領有権の正当性は「南海諸島位置図」に

中国は、南シナ海のほぼ全域にわたる島々の全領有権を主張している。

島々とは、スプラトリー諸島（南沙諸島）、パラセル諸島（西沙諸島）、マックレスフィールド岩礁群（中沙諸島）、プラタス諸島（東沙諸島）である。

では、なぜ中国政府がこれらの領有権を主張しているのか。実は、最初にこれら南シナ海の島々の領有権を宣言したのは、現在の中華人民共和国政府ではなく、日本敗戦当時の勝利国であった中華民国政府であった。

明治維新に入ってから、日本は二つの目標を定めていた。一つは国家管理制度と工業生産体系の近代化。もう一つは領土の拡張だ。南シナ海は、その目標達成のための一つの場所であった。

20世紀初頭、ベトナム、ラオス、カンボジアはフランス領インドシナ連邦であった。1933年、フランスはスプラトリー諸島占領を告知するが、それ以前から同諸島でリン鉱石の採取を行っていた日本は、1939年、スプラトリー諸島を「新南群島」と名づけ、当時は日本領だった台湾・高雄市の行政管理区域に編入した。

1940年に日本はインドシナに進駐、フランスを追い出し、そのほかの諸島も占有して、南シナ海全体を実効支配下に置いた。

日本の敗戦後、当然ながら、中華民国政府は南シナ海全域の領有権を日本から受け継いだ。中華民国政府は、4隻の戦艦を派遣して1年かけて島々を回りながら、細かく測量を行った。そうしてつくられたのが、「南海諸島位置図」という地図である。

現在、この「南海諸島位置図」が、中国政府が南シナ海領有を正当化する根拠となっているのである。

もちろん、台湾当局（1949年以降の中華民国）も、南シナ海の領有権を主張している。しかし、実効支配しているのはスプラトリー諸島の太平島と中洲礁のみと、範囲は小さい。また、必ずしも南シナ海の領有権をめぐって、中国政府と敵対しているわけではない。

メインに争っているのは、前述したように、中国とベトナム、フィリピンなのだ。

軍事衝突にまでエスカレート

南シナ海での領有権をめぐる紛争の種は、西欧列強の植民地時代にまかれたといわれている。ベトナムはかつてフランスの植民地、フィリピンはアメリカの植民地であった。

列強諸国は、自国の植民地近辺の海域にある島々を占領したが、列強が去ると、近隣関係国がその領有権の継承をめぐり対立するようになった。

それでも、１９７０年代までは、南シナ海はわりと静かだった。しかし、海底探査により、海底に石油や天然ガスなどの各資源が豊富に埋蔵されていることがわかると、領有権をめぐる紛争がいきなり急増した。

１９７０年代以降に発生した、南シナ海をめぐるおもな紛争・戦争、事件は以下のとおりだ。

１９７４年：中国とベトナムによるパラセル諸島での戦い（西沙海戦）＝戦争２日間。

ベトナム軍艦排水量5983トン、中国軍艦2530トン。中国の勝利で終わり、三つの島を奪還。

1988年：中国とベトナムによるスプラトリー諸島海戦（南沙諸島海戦）＝戦争1日。中国軍は軍艦数でベトナム軍を圧倒、中国の勝利。

1999年：フィリピンが中国の南シナ海進出を阻止する目的で、アユンギン礁で戦車揚陸艦を意図的に座礁させたうえ、領有権を宣言。中国とフィリピン両国間の火種となる。

2014年：フィリピンが南シナ海の領有権をめぐりオランダ・ハーグの常設仲裁裁判所に中国を提訴するが、中国側は応じない。2016年、同裁判所は、中国側の領有権主張に法的根拠がないとする判決を下した。中国側は判決を認めない。

2023年：中国艦船がフィリピンの船に放水銃を使用。

これ以外にも、小規模の衝突は日常茶飯事のように多数発生している。

先に発見・利用した記録があるのは中国だが……

ところで、歴史的な記録をひもとけば、南シナ海の島々をいちばん最初に発見・利用していたという記録があるのは中国である。中国の古代文献には、数々の地図が残されている。

たとえば、「東南海夷図」（１５５７年）、「東南海夷総図」「西南海夷図」（１５７９年）、「明代東西洋航海図」（１５７２～１６２０年の間）、「鄭和航海図」（１６２１年）、「西南洋各番針路方向図」「東洋南洋海道図」（１７１７年）、「四海総図」（１７３０年）、「大清万年一統天下全図」（１７６７年）、「中国外夷総図」（１８３９年）などがある。

一方、研究者のなかには、記録に書いてある島が実際の島かどうかを疑問視する声もある。いくつかの島は記録ミスや勘違いなどにより、関係ないものも含まれていることは考えられる。

また、近現代の文献には、「東南洋沿海島岸国図」（１８９４年）、「大清天下中華各省府州県庁地理全図」（１９０５年）、「西沙群島図」（１９２７年）、「中国南海各島嶼図」（１９３５年）、「中華民国全図」（１９４１年）、「南海諸島位置図」（１９４７年）などがある。

中国政府も、これらの文献により、中国が南シナ海の島々をいちばん早く発見・利用していたと主張する。

しかし残念ながら、現在の国際法では、土地領有権の帰属を判断する条件の一つとして、「最初に発見した記録がある」ではなく、「先に占有した事実がある」ことが重視される。

所有者のいない土地を先に占有し、実効支配することが重要なのだ。実効支配とは、不可侵の主権があることを対外アピールし、行政区域の確定と明示、公的機関の設置と管理などがある。そして、実効支配の連続性も重要視される。

国際社会では、最初に発見・利用したということは、領有権主張にはほとんど関係がないとされ、これらの中国古代文献も、たんなる航海図だと指摘されている。

「日華平和条約」では領有権の返還を規定？

ところで、南シナ海の領有権が台湾当局（1949年以降の中華民国）にあることを明示しているとされる二つの国際条約がある。それは「サンフランシスコ平和条約」と「日華平和条約」だ。

1951年に、日本は連合国諸国と「サンフランシスコ平和条約」を締結し、主権を回復、国際社会に復帰を果たした。

同条約には、「第二条（b）日本国は，台湾及び澎湖諸島に対するすべての権利，権原及び請求権を放棄する。（f）日本国は、新南諸島及び西沙諸島に対するすべての権利、権原及び請求権を放棄する」と書かれている。

また、1952年に日本は台湾と「日華平和条約」を締結して、両者の間で未決着の事項について確定作業を行った。同条約の第二条では、次のように書かれている。

「日本国は1951年9月8日にアメリカ合衆国のサンフランシスコ市で署名された日本国との平和条約第二条に基き、台湾及び澎湖諸島並びに新南群島及び西沙群島に対するすべての権利、権原及び請求権を放棄したことが承認される」

新南群島とは、南沙諸島のことだ。この条約は台湾、澎湖諸島、南沙諸島、西沙諸島を並べて書いているから、日本が南シナ海の領有権を放棄したことが明記されている。

ただし、この二つの条約には、放棄された領有権が、誰に移譲されたかということが書かれていない。そのため、日本は台湾の領有権を放棄しただけで、その後の領土的な位置づけに関しては連合国が決定することであり、日本が独自の認定を行う立場にない、という意見もある。「台湾地位未定論」というものだ。

一方、中国側は、「台湾地位未定論」についてアメリカからの敵対国の陰謀論と見なしており、絶対に認めない立場を示している。

また、「日華平和条約」は日本と台湾の間で結ばれたものだったため、領有権を台湾に移譲するのは当たり前のことであると、中国の専門家たちは力説している。

日中台で異なる解釈

また、1943年のカイロ宣言には、「右同盟国ノ目的ハ日本国ヨリ千九百十四年ノ第一次世界戦争ノ開始以後ニ於テ日本国カ奪取シ又ハ占領シタル太平洋ニ於ケル一切ノ島嶼ヲ剝奪スルコト並ニ満洲、台湾及澎湖島ノ如キ日本国カ清国人ヨリ盗取シタル一切ノ地域ヲ中華民国ニ返還スルコトニ在リ」とある。

さらに、1945年のポツダム宣言はこのカイロ宣言を受け入れることを定めており、日本はそのポツダム宣言を受諾しているので、南シナ海および台湾は中華民国に返還されたと見るべきだというのが、中国や台湾の立場だ。

ただし、日本政府は、カイロ宣言やポツダム宣言は日本の領土処理について最終的な法的効力をもちうるものではないとしており、あくまでサンフランシスコ平和条約で日本の領土が法的に確定したと主張していることから、台湾の帰属が複雑な状況になっているのだ。

これに対して、中華人民共和国政府は、当時の国際状況により、アメリカからサンフランシスコ平和条約の締結国から排除された。当然のことだが、中国側は当時もいまもサンフランシスコ平和条約と日華平和条約を認めていない。中国の新聞では、歴史事実にふれたときに取り上げられることがあるくらいだ。

このように中国側は、台湾の帰属問題について、カイロ宣言とポツダム宣言を根拠とする。このときの主権は中華民国にあったため、その国名を出すことも問題としていない。

一方、サンフランシスコ平和条約と日華平和条約については、徹底的に無視して語ろうとしないというのが基本スタンスである。

断続線の法的根拠が示されず

南シナ海の話で、もう一つのことが国際的な揉めごととなっている。それは、南シナ海における中国側の海洋国境線の引き方だ。

１９４７年に、中華民国政府は11の断続線で南シナ海の国境線を引いた。これが「十一段線」である。

中国政府は１９５３年、この十一段線から、当時のベトナム戦争で支援していた北ベトナム軍の活動を妨げないようにトンキン湾付近の点線を二つ消して、九つの断続線で南シナ海を囲み、領有権の範囲を決めた。これが「九段線」である。

もっとも、海洋面積は中華民国のものからまったく減らしていない。

では、何が争いのポイントとなっているかというと、この断続線で引かれた領域が、何を示しているかが明確ではないということだ。

多くの人は、海洋国境線が引かれていると思うだろうが、実はそうでもないのである。11の断続線を引いた当時の中華民国政府であろうと、それを受け継いで九つの断続線を引いた中国本土政府であろうと、どちらでも南シナ海の海洋国境線について法的な性質と位置づけを説明していない。

そのため、複数の解釈が可能となる。たとえば、次のようなものだ。

・断続線で囲まれた範囲の中のすべての島、礁、灘、沙、洲および周辺海域に歴史的権利があり、さらには線内のすべての海域が中国の伝統的水域である。

・島、礁、灘、沙、洲を領土とし、内水以外の海域は排他的経済水域と大陸棚である。
・線内の東沙諸島、南沙諸島、中沙諸島、西沙諸島を含む島嶼と、その周辺海域について、中国が管轄、統制する。

どのような意図で断続線を引いたのか、当時の中華民国の関係者に聞ければいいが、中台が厳しく対立してきたため、その機会もなく現在に至っている。

ちなみに、世界でも同じような例がある。それはギリシャとトルコ（おもにオスマン帝国）の海洋国境線だ。ギリシャが13の断続線を引き、第1次世界大戦でオスマン帝国が敗北したことで、ギリシャの領海はトルコの海岸近辺まで広げられた。

現在、両国間では、領海をめぐるさまざまな対立が生まれている。戦争や紛争までは起こっていないが、両国関係は犬猿の仲である。

尖閣諸島（釣魚島）の帰属について

尖閣諸島（中国名：釣魚島）についても、日本と中国の対立が激しさを増している。

日本政府は、

「……サンフランシスコ平和条約において尖閣諸島は日本が放棄した領土には含まれず、日本の南西諸島の一部として米国の施政下に置かれました。尖閣諸島の一部は米国が射爆撃場として使用されていましたが、当時、中国はそれらの措置に一切異議を唱えておらず、逆に中国共産党の機関紙や中国の地図の中で、日本の領土として扱われてきました」と説明している（内閣官房ホームページ）。

この説明にあるように、かつて中国共産党の機関紙「人民日報」が、尖閣諸島の主権帰属について日本の領土だと記述していたことがあったのは、事実である。

1953年1月8日付の「人民日報」は、「琉球群島の人民は米軍の軍事占領を反対して戦っている」として、当時の沖縄での政治的圧迫と反米運動を紹介している。そのなかで、琉球群島の地理にふれ、尖閣諸島を琉球群島の一部だと書いていたのだ。

のちに中国政府の関係部門は、この記事について「中国新聞紙の社説は、政府の立場を代表することができない」との見解を示した。

また中国政府は、その新聞記事について、地理的知識として間接的にふれていただけであり、その紹介内容もかなり不正確で、琉球王国が尖閣諸島を支配していた事実もない、としている。

「最初に発見した記録」では法的に弱い

尖閣諸島については、前述した南シナ海の話と同じように、中国側は、島を発見・利用していたのは中国であり、中国の古代文献に数々の記述が残されている、と主張している。

たとえば、1534年に、冊封正史陳侃が琉球へ向かう途中、釣魚群島を通過して琉球群島に入ることを本に書いていた。1556年に、倭寇討伐総督の胡宗憲が釣魚島を中国福建省海防区域にしていた。『籌海図編《ちゅうかい》』という本がこれを記録している。また、明の嘉慶年間（1796〜1820年）に出版された『日本一鑑』は釣魚群島の存在を取り上げた。さらに、1893年に西太后が釣魚島を寵愛する大臣に下賜していたという史料もある。

日本の歴史学者である井上清は『「尖閣」列島』（第三書館）という本のなかで、沖縄を旅行しながら、釣魚島がかつて琉球領土に属していることを裏付ける資料を懸命に探したが、見つからなかったことを書いている。井上清は、釣魚島などは「元来は中国領であったらしいこともわかった」と語った。

しかし、これらの文献についても、「記録上に書かれた島は、尖閣諸島ではない」といった、さまざまな日本側の反論がある。

また前述したように、いくら中国に「釣魚島を先に発見・利用した」という記録があったとしても、中央政府による行政区域の確定と明示などの実効支配が見られなければ、領有権をめぐる国際紛争が起こると、とくに中国側に有利な材料となるとはかぎらない。国際ルールでは、先に実効支配している者が勝つからだ。

尖閣の沖縄編入に対する中国の疑義と反論

中国は、日本が釣魚島（日本名：魚釣島）を沖縄県に編入した際の正当性についても、疑義を唱えている。

中国側による当時の時系列では、

1879年　沖縄県が設置される
1894年　日清戦争が勃発する。日本による尖閣への杭打ちが実施される
1895年　日清戦争で日本が勝利。台湾が日本に割譲される
1896年　釣魚島が沖縄県に編入される
1900年　釣魚群島が「尖閣諸島」と改称される

この展開から見る限り、日清戦争期間中、または敗戦して台湾まで割譲された清朝は、釣魚島の領有権について、日本側に抗議するところではなかった、というのが中国側の主張である。

また、中国の専門家は以下のような理論を展開し、釣魚島は中国領の一部であることを力説している。釣魚島は台湾から170キロメートル離れた近くのところにあり（日本の

与那国島からは150キロメートル、石垣島からは170キロメートル）、台湾東北部の大屯山の自然に伸びる部分に属している。釣魚群島と琉球群島の間に沖縄海溝が横たわっている。だから、地理的に二つの群島は同じ地質構造ではない、としているのだ。

釣魚群島でいちばん豊富な資源といえば、その名が示すとおり、やはり魚だろう。太平洋の黒い潮流に流されてくる魚群は、中国浙江省、福建省、台湾の漁民たちを次から次へと引き寄せる。そのなかでも、地理的に近い台湾漁民がいちばん多い。日本統治時代も、台湾漁民が釣魚群島周辺海域の漁場に出入りしていたという。

「施政権問題」

1971年、アメリカは尖閣諸島を日本に渡すときに、「施政権」だけを引き渡すといっており、「領有権」についてでは述べなかった。

これをもって、中国側は「日本に尖閣諸島の領有権はない」という根拠にしている。

一方、日本側は、以下のサンフランシスコ平和条約第三条を示して、反論している。

「日本国は、北緯二十九度以南の南西諸島（琉球諸島及び大東諸島を含む。）孀婦岩の南の南方諸島（小笠原群島、西之島及び火山列島を含む。）並びに沖の鳥島及び南鳥島を合衆国を唯一の施政権者とする信託統治制度の下におくこととする国際連合に対する合衆国のいかなる提案にも同意する。このような提案が行われ且つ可決されるまで、合衆国は、領水を含むこれらの諸島の領域及び住民に対して、行政、立法及び司法上の権力の全部及び一部を行使する権利を有するものとする」

この内容によれば、アメリカは沖縄および北緯29度以南の主権は日本側にあり、その主権者たる日本から、アメリカが施政権を与えられる内容になっている。

この条約に従って、アメリカは尖閣諸島で射撃訓練場をつくったのであり、そのため1971年の沖縄（の施政権）返還時に、アメリカが返還してきたのも施政権のみで、その前提として、領有権はもともと日本側にあったというのが、日本政府の立場だ。

中国側も台湾側も声を上げなかった理由

日本はまた、サンフランシスコ平和条約締結時に、中国側も台湾側も、日本がアメリカに施政権を貸与したことについて、何も言わなかったとしている。

一方、中国側はあくまで日本がカイロ宣言とポツダム宣言を受け入れたのだから、尖閣諸島も台湾とともに中国に返還されるべきであると主張する。

また、サンフランシスコ平和条約締結時に何も言わなかったことについては、中華人民共和国はそもそも同条約を認めていないということに加え、台湾も当時、「大陸反攻」を計画していたため、アメリカ軍事力に大きく依存しており、アメリカにあれこれ要求するどころではなかったという理由も加えている。

さらに、カイロ会談時に蔣介石がルーズベルトから、「琉球群島（沖縄）をすべて中国にあげよう」と何度も言われたものの、中国共産党との戦いを前に、日本と摩擦をつくりたくなかったため断ったとされている。

「中立」に転じるアメリカ

しかし、沖縄の施政権がアメリカから日本に返還されることになった時点で、台湾の蔣介石は、尖閣まで含まれることに強い不満をもったとされ、アメリカ企業に尖閣付近の大陸棚石油探索と石油鉱区権を付与するなどしている。

こうして施政権返還時に、尖閣をめぐり日本と台湾の間で紛争になりそうな情勢となってきたことで、アメリカは「領有権」の帰属について、日中のどちらにあるか、明確な立場を示さないことを基本スタンスとするようになっていったとされる。

さまざまな資料でも、そのことは明らかになっている。

「1969年11月に佐藤総理大臣とニクソン大統領は次のことに合意した。1972年に琉球の施政権を日本に引き渡すが、領有権を巡る紛争が起きる際、紛争当事者の間で解決すべきであるという旨の合意がされた」（石井修・我部政明・宮里政玄監修『アメリカ合衆国対日政策文書集成　第19期：日米外交防衛問題1972年・日本防衛問題および沖縄編』第9巻、柏書房）

「1972年3月17日、駐米大使牛場氏はアメリカの中立の立場に対する日本政府の不満をアメリカに伝えた。アメリカは、言い方を注意して修正するが、non-involvementの立場は変わることがないと答えた。沖縄返還協定には日本の『潜在的主権』を持つことを書き入れるが、領有権の帰属について第三者が判断できるようなはっきりした表現を避けたいという旨のことを伝えた」（Digital National Security Archive: "Briefing Papers for Mr. Kissinger's Trip to Japan", "Issues and Talking Points: Bilateral Issues" その他）

1970年代、釣魚群島周辺に海底資源が探察されると、領有権をめぐる紛争が一気に高まる。台湾は釣魚群島に「台湾省宜蘭県頭城鎮釣魚台列嶼」という法的な住所（行政編入）まで与えた。

中国政府は、台湾のこの住所表示について支持も反対もしていない。公的な場合、釣魚群島は「台湾省宜蘭県の管轄範囲に属する」とだけ紹介する。領土の主導権を握りたいという思惑があったのかもしれない。

尖閣は安保適用だが領有権は判断しないアメリカ

2014年4月に訪日したアメリカのオバマ大統領（当時）は、尖閣諸島について、日米安全保障条約第5条の適用対象であることを明言し、日本のメディアは大きく報道した。

しかし、オバマ大統領はその際、アメリカの立場は新しいものではなく、尖閣諸島の領有権に関する最終的な決定については、特定の立場を取っていないという旨も述べている。

つまり、尖閣諸島の所有権をめぐっての武力衝突が起こり、侵入・占領される恐れがある場合には、アメリカは日本と条約を結んだ安全保障の義務を果たすと明言している一方で、「沖縄を含めて、領有権については、特定の立場がない」ことを強調しているわけである。

アメリカがなぜこのような曖昧な態度をとっているかといえば、当時、アメリカと中国が急接近していたからであった。その一方で、アジアの同盟国である日本にも、飴を与えなければならない。そのために、双方に都合のいい解釈ができるようにしたのだろう。

こうしたアメリカの姿勢もあり、中国は日本の尖閣諸島領有権を認めていないわけだ。

「棚上げ合意」は存在するか

1970年代、80年代に、「中国の漁民たちが漁のために尖閣諸島へ向かおうとすると、船を出す直前に村の幹部が連れてくるピケ隊に殴られる」という噂を聞いたことがある。

本書のためにいろいろ調べたが、これは事実らしい。全部とはいわないが、一部の漁民が政府の禁止令に従わず、尖閣諸島での漁を実施しようとしたが、強制的に阻止されたという。

1970年代、日中国交正常化が実現されるにあたり、日本政府は日本人による尖閣諸島への上陸を、中国政府は中国漁民による尖閣諸島の海域での漁労を、それぞれ禁止することを決めた。互いに暗黙の了解を取っていたのだ。

一部の中国漁民は、生計のためにリスクを冒してまで海に出ようとしたが、地方政府に阻止された。

当時、日中国交正常化を実現させるために田中角栄元総理が中国を訪問した際、尖閣諸島の処理についてどうするかと中国側に意見を求めたことはある。中国側は、日中国交正常化を優先させるべきで、島の領有権の話は後代に任せようと「棚上げ論」をもちだした。日本側は真面目に聞いているだけで、イエスかノーか、コメントは一つもしなかったという。一方、これで中国側は双方で棚上げの合意ができたと理解した。

これはたしかに中国文化の一つで、口約束でも合意は成立するというものだ。メモや録音などは残していなかった。「九二共識」も同様だ。

しかし、現在の日本政府は、「棚上げ合意」はいっさい存在しないと主張している。正式な証拠は何一つないからである。

外交とはこんなに難しいものか、という感がある。

ちなみに、中国政府は２０２３年8月28日に「２０２３年版標準国土地図」を公表した。この改正版地図はただちに周辺国から非難の声を招き、外交問題になってしまった。「なぜなら領有権問題が存在する南シナ海やインドとの武力衝突が起きた国境地帯などを一方的に中国の海洋権益が及ぶ海域、自国の領土として記載しているからだ」と日本のメディアが伝えた（「現代ビジネス」２０２３年9月5日付、大塚智彦）。

しかし一方で、今回発表された新地図の断続線のなかに、尖閣諸島は含まれていない。いままでこれほどまで島の領有権をめぐって両国が揉めていたのに、なぜ中国側は新地図に領有権帰属の意志を表そうとしないのだろうか。

おそらく、日本だけに対して、裏で棚上げ合意の約束を伝えているのではないか、筆者はそう考えている。

また、かつて中国側は尖閣諸島周辺での中国漁船の操業を禁止していたと述べたが、現在ではその制限も形骸化している。

２０１０年9月7日には、尖閣諸島付近で操業中の中国漁船が、違法操業として取り締まった日本の海上保安庁の船舶に衝突するという事件が発生している。

また、中国政府は、尖閣諸島周辺に禁漁期間を設けているが、２０２３年8月16日にその期間が明けると、その翌日に、約１５０隻の中国漁船が操業していることが確認されている（「八重山日報」２０２３年8月26日付）。

沖縄と台湾は「大流求」と「小流求」

カイロ会談で、蔣介石が沖縄領有をもちかけられたということについては先述した。

第1章でも述べたが、沖縄と台湾は昔、中国人から「流求」と呼ばれていた。沖縄だけが「流求」と呼ばれたりする時期と台湾だけが呼ばれたりする時期がそれぞれあった。両方が一緒に総称として呼ばれたりする時期もあった。大雑把にしか沖縄と台湾の関係を考えず、細かくまで区分する必要性のない時代の表れだったのであろう。

海上交通、海上貿易などが活発化になってくると、呼び方が変わり始めた。沖縄を「大流求」、台湾を「小流求」と呼ぶようになった。

明らかに台湾のほうが面積が大きく、沖縄の面積が小さい。なのに、なぜ沖縄を「大流求」、台湾を「小流求」と呼んだのだろうか。

日本ではこの歴史的な文化現象に興味をもつ学者が多くいるが、正解は一つも出ていない。実は、このことは中国古代語の「大」と「小」がもつ意味と関係している。

中国古代語の「大」と「小」は面積や体積などをいう場合もあれば、「品質」や「本格的」をいう場合もある。

古代の中国人が使う「大人」は、大人を指すではなく、「権威のある」「地位の高い」者を指している。「小人」は品のない者や社会地位の低い者を指すことが多い。

そのほかに、「大豆」と「小豆」、「大麦」と「小麦」といった例もある。どれも大きさはあまり変わらないが、小豆より大豆のほうが用途や栄養価値が豊富だから、「大豆」と呼ばれる。「大麦」は中国が原産地だから、「大」の字がつく。「小麦」は西アジアから伝来してきた農作物なので、「小」の字がつく。

琉球という国の台頭は12世紀から始まり、15世紀に入ってから明の藩属国になる。中国の文明を受け入れて、政治、経済、文化、科学技術などがかなり発達するようになる。中国、日本、東南アジアの海上貿易運送の中継地としても有名で、社会全体が繁栄していた。

一方、台湾は前述したように、かなり立ち遅れた場所だった。17世紀にオランダ人が台湾を攻め取り、まもなく清が台湾を支配した。清の支配は実に非効率で暴虐的なものだった。そのうえ、3分の2に及ぶ地域は行政統治が行き届かない状態にあり、各々の原住民族が支配する無法地帯であった。

だから、中国古代人は沖縄を「大流求」、台湾を「小流求」と呼んでいたのである。先進国と発展途上国の違いと考えれば、わかりやすい。

ちなみに琉球国の面積は約4000平方キロメートル、台湾は約3万6000平方キロメートルで、9倍の差がある。

沖縄人と台湾人の共通点

しかし、いま、沖縄県と台湾を比べると、実力は驚くほど逆転した。沖縄の1人当たりGDPが2万4000ドルであるのに対して、台湾は3万5000ドルに達している。国際組織が評価する「民主主義指数」も「世界競争力」もかなり優秀である。

差が出る理由は三つあると思う。

一つは、面積の差だ。もう一つは、沖縄は長い間、本土と違う待遇を受けていたことで、重工業がなかった。三つ目は、沖縄がかつて戦争で甚大な被害を受けていたことだ。

沖縄の産業構成は単一で、おもな産業は観光業である。世界半導体製造ナンバーワンのTSMCや電子機器の受託製造サービス世界最大手の鴻海精密工業のような大企業はない。

有識者の話によれば、沖縄人と台湾人には一つの共通点がある。それは、全部とはいわないが、少なくない人たちが「独立」の考えをもっているということだ。いわゆる「民族自決権」というものを求めようとしている。社会的な行動は政権を覆すほどまでの強さはないが、「沖縄は沖縄人のもの」「台湾は台湾人もの」という潜在意識をもつ人たちは、かなり多いのである。

中台関係が緊張するいま、沖縄人と台湾人はまた一つの共通点をもっている。それは戦火に巻き込まれることへの恐怖心である。

沖縄知事の訪問を歓迎する中国

沖縄の玉城デニー知事は、2023年7月3日から7日にかけて中国を訪問した。中国の政府要人とも会談し、経済交流強化の活動も熱心に行った。日本国内からは「県の知事がここまでしていいのか」という批判の声が少なくないが、中国側は玉城知事の訪中を好意的に歓迎し、ニュースを大々的に伝えていた。

知事訪中は双方にとってメリットがある。

中国が台湾有事の際、もっとも警戒しているのは在沖縄アメリカ軍の関与であり、沖縄からの応援を必要としている。

沖縄政府はアメリカ軍基地の負担軽減をずっと要求し続けているが、今後、在沖縄アメリカ軍のプレゼンスが沖縄本島から縮小するようなことがあれば、中国側にとってこれほど好都合なことはないだろう。沖縄も、台湾有事の際にロケット攻撃によって廃墟と化すことを懸念している。

また、経済交流の拡大も期待されている。観光業が沖縄のメイン産業であるため、中国人観光客への誘致に力を入れようとしているのだ。日本のメディアによれば、

「新型コロナ流行前の２０１９年、沖縄県を訪れた外国人観光客は２５０万人で、うち約25％にあたる61万人が中国からだった。中国各地との間を結ぶ航空路線も多い。観光産業は沖縄経済の柱であり、知事としてはみずから訪中して、中国人観光客の来訪をさらに増やしたいだろう」（ＲＫＢオンライン「飯田和郎のＣａｔｃｈ Ｕｐ」）

たしかに中国人観光客は沖縄が好きで、沖縄を旅行したことを誇りに思う人も多い。

沖縄の独立、親中化を望む中国

一方、「台湾有事は日本有事」という日本政府の立場が鮮明になってくるとともに、中国の沖縄政策が積極化しているのも目立つようになる。

中国政府は、沖縄を日本領と認めることについては、いままでの立場と変わらないが、官製新聞では、学術交流という名目で、沖縄の帰属に疑義を呈するような学者の文章の掲載が増えている。

ＳＮＳでは沖縄をめぐる議論がもっとも活発で、かつて冊封・朝貢関係にあった琉球国は中国領だったという認識が広く共有されている。昔、多くの朝貢国のなか、琉球国のように中国と密接な関係をもつ国はなかったのも事実である。朝貢は年に回数が限られているが、琉球国だけが随時に来られていたと言い伝えられている。朝貢とは、実質的に藩属国が中国産の高級品をただで貰って帰るということだ。

多くの中国人は、沖縄が独立して、中国の懐に帰ることを期待している。たとえ、独立はできなくても、中国との関係が強化されれば、アメリカ軍の沖縄基地の利用や中国への軍事干渉などが難しくなる。それを狙っているのだ。

第9章

平和統一か戦争か

国共とも長らく台湾問題を重視しなかった

17世紀が終わる頃に、台湾は清国領となった。その後、19世紀が終わる頃に日清戦争によって台湾が日本に割譲され、植民地となった。実は、それ以降、長きにわたり中国人の台湾に対する関心は薄れていた。

孫文は日本統治時代に3回も台湾を訪れ、将来は必ず台湾を取り戻さなければならないと親友に語っていたと伝えられている。

しかし、当時の孫文にとってもっとも重要なことは、清王朝を倒し、反対勢力の北洋軍閥を掃討し、ブルジョア民主共和国を建国するということであった。ほとんどの精力と時間をそのことにかけていた。

当時、孫文を中心とする革命勢力の武力はまだ劣勢だったために、日本を含む西洋列強の支援に頼らざるをえない立場であった。

そのため、台湾を祖国に統一させることなど、孫文と国民政府にはとても無理な話だった。

一方、中国共産党は台湾問題についてどう考えていたのだろうか。

信じられないかもしれないが、建党早期の中国共産党は台湾を中国領の一部であるとは見なしていなかった。日本の植民地だった朝鮮と同等視していたのだ。この状況は抗日戦争が終わる頃まで続いていた。
その背景には複雑な事情があった。

独自の「台湾民族」と見られていた時期

まず、当時、日本の植民地である台湾人の多くは、自分を中国人であることを認めようとしない傾向があった。海を隔てた中国本土人は台湾のことをあまり知らず、伝わってくる情報は台湾知識人による発信しかなかった。早期の中国共産党も、台湾情報はほとんど台湾籍の党員に頼っていた。

1924年に革命誌「新青年」に発表された「黎明期の台湾」という論文が、当時の中国共産党の立場を端的に示している。作者は台湾人共産党員の許乃昌だ。

彼は、「かつて大陸移民が島に押し寄せ、台湾は漢人の植民地に陥った」「鄭成功支配時代から、台湾は独立国家になった」と述べた。その後、ほかの台湾人共産党員も、同じ立場の文章を発表しており、台湾人は台湾民族であることを主張している。

また、各国共産党の統合組織である共産国際主義運動（コミンテルン）からも指示が出た。東アジア植民地の人民はいずれも弱小民族であり、彼らの独立運動を支持しなければならないという指令が通達された。

そのため、当時の安南（ベトナム）、朝鮮と同じように、日本植民地だった台湾も、東アジア弱小民族と指定され、彼らの民族独立運動が世界革命の一部分だとされた。

3番目の理由として、当時は共産党の武力が非常に弱く、活動は大陸に限られており、台湾問題に関心を寄せる余裕がなかったことも大きかった。

台湾共産党は台湾独立を目指した

当時、台湾共産党もあった。結党は1928年で、宗主国の日本共産党の指導の下に置かれていた。だから、当時、中国共産党本部の下には各地方の支部があったが、台湾支部はなかった。このことも、当時の中国共産党の台湾に対する認識が、現在と違うことの裏付けになる。

厳密にいえば、表向きは「台湾共産党」という名称だが、内部では「日本共産党台湾民族支部」と位置づけられていたのである。

では、台湾共産党が成立時に制定した政治綱領の一部を見てみよう。

二大任務の項では、
1、日本帝国主義の統治を覆し、台湾独立を実現しよう。
2、土地改革を行い、封建主義勢力を消滅させよう。

基本綱領の項では、

１、日本帝国主義の統治を覆し、台湾独立を実現しよう。

２、日本帝国主義の台湾におけるすべての財産（土地、企業、鉄道、鉱山、銀行）を没収しよう。

３、土地改革を行い、封建主義の土地搾取制度を消滅させよう。

４、台湾独立の民主的政府を樹立しよう。

いうまでもないが、当時の台湾は中華民国の一部ではなく、日本の植民地だった。台湾共産党にとって、将来は中国に統一されるべきではなく、独立した民主的政府（国家）を樹立することが目標であった。

蔣介石を応援していた毛沢東

日本の敗色が濃厚になった１９４３年、カイロ宣言が発表され、将来、台湾が中国（中華民国）に返還されることが決まった。その頃から、台湾問題が国共の視野に入るようになる。１９４５年、日中戦争に勝利すると、蔣介石の国民党軍が台湾に進駐・接収した。

１９４９年、国共内戦に敗れた蔣介石政権は、大陸から広い海を隔てた台湾に移り、国境関係は完全に分離された状態となった。

毛沢東は中華人民共和国を建国し、「われわれは必ず台湾を解放しなければならない」というスローガンを掲げ、30年間、武力行使の準備を続けていた。

だが、これは表面上のことで、水面下では、毛沢東と蔣介石が中台双方と親交のある第三者を介して、接触の試みを繰り返し、平和統一の実現を図ろうとしていたのである。

蔣介石は死ぬまで「大陸反攻」の夢を見ており、アメリカの「大陸と台湾は国共で別々に統治する」という案を頑なに拒否し続けていた。

アメリカは蔣介石に不満をもち、1950年代末には「民主的選挙」で蔣介石おろしを画策していた。そこで毛沢東は、「一つの中国」の立場に固持する蔣介石を応援しようと、外国来賓と会見する際、次のように語った。

「台湾総統について、蔣介石が選ばれたほうがいいと思う。国際的な会議や活動において、台湾が参加するなら、私たちは参加しないことにする。蔣介石は台湾で三民主義をやればいい。私服警察を続けてやればいい」

毛沢東は蔣介石が台湾総統になることを期待していた。蔣介石であれば、台湾が大陸から離脱することはないと考えていたのであろう。

毛沢東の話が海外のマスコミを通じて台湾に伝わったから、1950年代末、蔣介石が総統選に勝利したという説もある（もっとも、独裁政権だったから勝てたのだろう）。

中台の秘密交渉

１９６０年代初めには、中台の指導者と親交のある第三者が現れて、秘密交渉が始まった。

その第三者とは、曹聚仁という香港在住の文人である。厳密にいえば、１９５０年代の末頃に、彼はすでに双方を行き来していた。１９６０年代初め頃からその連絡活動が盛んになり、双方の考え方やメッセージを伝えていた。以下のようなことが話し合われていたと伝えられた。

１、中台統一後、台湾の外交権は北京に渡す。そのほかのことは変わらない。台湾はいままでどおりやればいい
２、台湾の予算不足分は北京が出す
３、台湾の社会改革は急がず
４、互いにスパイを派遣せず、破壊活動を行わない
５、蔣介石は大陸に戻り、故郷の浙江省以外での定住が許可される。江西省の廬山は希望があれば蔣介石専用の地域にする
６、大陸の厦門《アモイ》と台湾の金門を合併し、自由度の高い市レベルの行政区とする。中台の

緩衝地として活用する

……などだ。

しかし、秘密交渉は1960年代の半ば頃に入ってから中断されてしまった。中国本土で文化大革命という思想弾圧・政治運動が始まり、信頼関係が崩れたからであろう。

「台湾問題は100年待ってもかまわない」

毛沢東は中台統一の時間表を決めていなかったようだ。中ソ関係の悪化、中米両国の接近、国内経済問題など、ほかの問題が山積で、簡単にできるものではないと考えていたようだ。

1971年7月に、アメリカの国家安全保障担当大統領補佐官キッシンジャーが北京を極秘訪問し、中国の周恩来首相と会談した。ニクソン大統領訪中の下準備をするためであった。

キッシンジャーは台湾問題について、アメリカの新しい立場を説明した。台湾独立を支持しない、中華人民共和国の国連加盟を支持する一方、台湾を国連から排除するとの声も支持しない、インドシナ戦争終了後に、駐台アメリカ軍の3分の2にあたる人員を撤退させるなど、米中関係改善に意欲を示していた。

周恩来首相の報告を聞いた毛沢東は、アメリカ軍の台湾撤兵について、次のように語った。

「台湾問題は小さく、世界の問題は大きい。台湾問題は急がない。100年待ってでもいい。アメリカ軍はベトナムから撤兵しなければならない。ベトナムでは戦争で、多くの人が死んでいるからだ。台湾は静かで、戦争が起こっているわけではない。ニクソン大統領が中国に来ることになっているからといって、私たちは自分に有利なことばかり考えてはならない」

要するに、アメリカと外交関係を樹立するためにも、台湾問題にレッドライン（時間表など）を設定せず、目を世界情勢に向けようというわけだ。

その後、1975年に蔣介石、1976年に毛沢東が、それぞれ死去した。

鄧小平は「1000年かけよう」

毛沢東の後を継いだ鄧小平時代（1978〜1992年）では、台湾問題に対する態度が変化した。

毛沢東が台湾問題の解決に100年待つことも辞さないと言っていたのに対し、鄧小平は1000年棚上げしてもかまわないと述べた。この発言は1978年、中国副首相として鄧小平が日本を訪れた際に行われた。

1978年10月、訪日した鄧小平が東京の日本記者クラブで記者たちの質問に応えたときのことだ。朝鮮半島の緊張状態に言及した記者の質問に対し、鄧小平は「二つの朝鮮」「二つのドイツ」「二つの中国」といった分断問題にふれ、「さらに、ある国は100分の1が日本だという問題を抱えている。これらの問題は解決が必要だ。10年で解決できなければ100年、それでもダメなら1000年かけてでも解決すべきだ。これは民族の願望であり、時代の潮流には逆らえない」と語った。

ここで出てくる「ある国は100分の1が日本である」という部分は、恐らく北方四島問題を指していると思われる。

鄧小平は毛沢東の方針を踏襲しつつ、台湾問題に対しては急ぐことなく時間をかけて解決を図る姿勢を示した。

「国号、国旗、国歌を変更してもいい」

筆者にとって、鄧小平は台湾問題においてもっとも開放的な考えをもっていたように見える。しかも鄧小平は、「台湾統一のためには国号、国旗、国歌を変更してもかまわない」とまで述べている。このような発言は、現在では考えられず、絶対に禁句である。

ただ、この発言についての具体的な情報を探す際、いつ、どのような状況で、誰に向けて話されたのかを示す資料は見つけられなかった。友人知人に尋ねても、誰も知らないという。

40年も前のことで、情報が風化し、いつのまにか消された可能性も考えられる。信頼できる友人の作家たちすら、この話を知らなかったため、自分の記憶を疑うこともあった。

しかし、ある日、鄧小平がこの発言をしたという証言がインターネット上で確認できた。その情報を提供したのは馮戸祥という人物で、２００２年4月、中国本土のＣＣＴＶ（中央テレビ局）のサイトに掲載されたものだ（http://www.cntv.cn/lm/523/51/51106.html）。

馮戸祥は台湾の文人で、蔣経国元台湾総統の秘書や台湾の立法委員を務めた人物だ。彼は中国テレビ局の取材に対し、「鄧小平は〝台湾統一のためには国号、国旗、国歌の変更も可能で、双方が相談のうえ決めよう。国号は中国にしよう〟と語った」と述べた。

馮戸祥は鄧小平がいつ、どこで、誰にこの言葉を話したかは明らかにしていないが、非公式の場で語られたと思われる。

ＣＣＴＶは中国本土の官製メディアの最高位にあり、こうした問題で虚偽の内容を発表することは考えられないため、馮戸祥が伝えた鄧小平の話は、かなり信憑性があると考えられる。

この話は現在もインターネット上で確認できる。筆者と海を隔てた台湾人の馮戸祥が同じ話を覚えていることから、これは偶然の一致ではない。

鄧小平がこの発言をしたのは１９８７～92年の間と推測される。この期間には台湾で戒厳令が解除され、鄧小平は南巡講話（中国南方を視察し、経済発展について重要な談話を発表する）を行っている。

なお、1992年以降、鄧小平は完全に引退し、ほとんど人前に姿を現さなかった。

江沢民時代の台湾政策「江八点」

公式には確認されていないが、鄧小平の談話からは、彼の時代の台湾政策の主要なポイントと方向性が読み取れる。

鄧小平の後を継いだのは江沢民で、彼の時代は1989~2004年までだった。江沢民の台湾政策は鄧小平の方針を引き継ぎ、その影響が強く見られた。

1990年、江沢民は全国統一戦線工作会議で、「一つの中国を認めるなら、どんな問題でも話し合いの用意がある」と述べた。

1992年には台湾の清華大学学長との会談で、「台湾が求める国際社会での生存空間や大陸との平等な地位の確立について、交渉に応じたい」と表明した。

1995年には、江沢民が台湾向けに談話を発表し、統一後の中台関係について鄧小平の言葉を引用して、「中台関係は相手に飲み込まれるような関係ではない」と強調した。この談話の核心は「江八点」と呼ばれる新台湾政策で、おもな内容は以下のとおりだ。

①一つの中国の原則を堅持する。
②「中国台北」の名義で国際組織や機関に加入できる。

③中台間の敵対状態を終わらせたい。
④平和統一を目指すが、武力行使の権利は放棄しない。
⑤政治対立を排除し、中台経済交流と拡大を促進する。
⑥中華民族の伝統文化を維持し発展させる。
⑦中国本土政府は台湾同胞の声と意見に耳を傾けることを約束する。
⑧台湾の指導者の訪中と中国本土の指導者の訪台を提案する。

これら「江八点」は、2001年に開催された第九期全国人民代表大会第四回会議での国務院政府工作報告にも取り入れられた。

「旧三段」と「新三段」

一般の人にとって「江八点」の内容は新しいようで、新しくない。目を見張るところがない。どこが新しいのか疑問に思うだろう。

実は、新しさは「中華人民共和国政府は中国の唯一合法の政府である」という表現が「江八点」に見当たらない点にある。

台湾問題を考える際には、「旧三段」と「新三段」という二つの概念を理解する必要がある。「旧三段」は毛沢東時代に提起され、「新三段」は江沢民時代に唱えられた。「三段」

とは三つの文言を指す。

「旧三段」は、

①世界にはただ一つの中国がある
②中華人民共和国政府は中国の唯一合法の政府である
③台湾は中国領土の分割できない一部分である

「新三段」は、

①世界にはただ一つの中国がある
②大陸と台湾は一つの中国に属している
③中国の主権と領土は二つに割れてはならない

「新三段」は「旧三段」より口調が柔らかく、「中華人民共和国政府は中国の唯一合法の政府である」という表現が消えた。

「旧三段」「新三段」のいずれも、重要な決議を経て政府の公式文書に記載されたものではなく、国内外の台湾問題研究者たちがまとめたものだ。

これは中国政府の台湾政策を観察、理解、把握するための三つのライン（要素）で、本土の指導者の発言や対台声明の真意を読み解くうえで重要なポイントとなる。

「中華人民共和国政府は中国の唯一合法の政府である」という言葉が消えたことは、強硬な言い方を控え、中台関係の改善に意欲を示したという意味だ。

本書で解説した「九二共識」や、「中台とも一つの中国に属する」「中華人民共和国の政府は唯一の合法的政府である」という鉄則もあわせて考えれば、この「新三段」が発表された時点での中国政府のスタンスは、「中台とも一つの中国に属する」認識があれば、中台関係を進めていくことができ、「一つの中国」の定義についてはは見解が分かれても差し支えない、ということであった。

ややこしいかもしれないが、大陸の台湾政策の変遷ぶりと複雑さが見て取れる。後述するが、現在の中国政府の台湾政策は「旧三段」の状況に戻っている。

誠意が報われず

前述したように、中国本土政府の対台窓口は海峡両岸関係協会だが、初代会長は定年退職した元上海市長の汪道涵《おうどうかん》だった。彼は江沢民の恩師ともいわれる。

1997年、汪道涵は「私たちは〝一つの中国〟と言っているが、この〝中国〟は中華人民共和国でも中華民国でもない。両岸の中国人が共に築き上げる統一を実現する新しい中国だ」と、新しい考え方を語った。汪道涵は「現在の中台関係は（語学文法でいう）現在進行形の中国だ」とも述べている。ただし、汪道涵の談話は政府の公式文書には載っていない。中台交流事務の関係者や台湾問題の研究者が書いた史料に出ている。

２００１年10月、江沢民は台湾の「中国統一連盟」との会見で、「国号は中華人民共和国でも中華民国でも、シンプルに中国という国号を使えばいい。意味のない論争をやめよう」と語った。当時の江沢民は最高指導者であり、当然、国内に表立った反対者はいなかったが、現在では、この江沢民と同様の発言をすることはタブーであり、誰も口に出す者はいないであろう。「意味のない論争」は、いままさに大変意味のある大きな闘争となっているからである。

当時の国内官製マスコミは、中国政府は、中台平和統一を実現する誠意があり、中台関係が食うか食われるかの関係にならないよう努力している、と解説していた。

中国本土政府が国号の変更なども含めて融和策を示したにもかかわらず、なぜ何の進展もなく、むしろ中台関係がますます厳しい対立状態になっているのか。

その原因は複数あるが、筆者の考えとしては、中国政府が台湾のどの主体と交渉するかが明確でないことが問題だ。中華民国を合法性のないものとして認めない立場を貫いてきたため、統一交渉相手の主体が曖昧なのだ。

政府と交渉せず、政党と話し合うことになるが、台湾のような多党制の社会では、たとえ政党と合意しても、その政党が政権与党でなくなれば、何の実効性もなくなってしまう。

習近平国家主席の新聞発表会報道官の発言

江沢民時代のあとは胡錦濤時代（２００２〜12年）があり、２０１３年から習近平時代が始まった。

２０２１年11月24日、中国国務院台湾事務弁公室は記者会見を行った。ある記者が、同年11月16日に行われた習近平国家主席とアメリカのバイデン大統領とのテレビ会談の内容について質問した。

このテレビ会談で習近平国家主席は台湾問題にふれ、「①世界にはただ一つの中国がある」「②中華人民共和国政府は中国の唯一合法の政府である」「③台湾は中国領土の分割できない一部分である」と述べたのだ。

前述したように、これは「新三段」ではなく、「旧三段」の内容である。記者は、これが台湾政策の変更を意味し、中台関係は厳しくなるのかと質問したわけだ。

これに対して報道官は、次のように答えた。

「習近平国家主席の発言は、『一つの中国』の原則と、中米両国による三つの共同コミュニケ（１９７２年、１９７９年、１９８２年に中国とアメリカが共同発表した三つの声明をまとめたもの）が中米関係の政治的基礎であることを指摘したものだ。

国連２７５８決議（国連において中華人民共和国が中国を代表することを決めたアルバ

ニア決議）と中米両国三つの共同コミュニケが、台湾問題の本質と『一つの中国』の核心的内容をはっきりと物語っている。それが上記三つの内容だということだ」

このように報道官は「旧三段」の内容を強調したあと、次のように語った。

「われわれの台湾政策は、一貫して明確である。それは『①世界にはただ一つの中国がある』『②大陸と台湾は一つの中国に属している』『③中国の主権と領土はいずれも二つ割れになってはならない』である」

つまり「新三段」をそのまま述べたわけだ。この報道官の発言からは、「旧三段」「新三段」のどちらも重要だというニュアンスが読み取れる。それはつまり、習近平国家主席が「中華人民共和国政府が中国の唯一合法の政府である」ことを、再び強調したいという意向を暗に示しているということである。

習の時代で具体化する統一への「時間表」

台湾統一を早期に実現したい——理由や方法はどうであれ、これはたしかに多くの大陸中国人にとって実現させたい夢の一つであろう。

歴史を遡ってみれば、孫文は清王朝を覆して中華民国を樹立したが、台湾を統一することはできなかった。毛沢東は中華人民共和国を建国したが、台湾を統一することはできなかった。

鄧小平は改革開放政策を導入し、香港返還を成し遂げた。江沢民は中国のＷＴＯ加盟を実現。胡錦濤は北京オリンピック大会を開き、１９４９年の建国以来、最大のＧＤＰを成し遂げ、世界2位にまで中国経済を押し上げた。だが、いずれの指導者も台湾を統一することができなかった。

蔣介石は１９４５～49年の間、中国統一を果たしたことがあったが、その期間はあまりにも短かった。

現在の習近平時代に、あらためて台湾統一問題が世界的な注目を集めているのは、後述するように、これが習近平国家主席本人の夢でもあるからだ。

台湾問題の解決については、毛沢東は１００年、鄧小平は１０００年かかってもかまわないと言った。しかし、江沢民時代からは、台湾統一までの時間について、無期限ではだめだと江沢民が公的な場で何度も表明するようになり、「時間表」が提起されるようになった。そして習近平時代になってからは、この「時間表」が以下のようにかなり具体的に語られるようになっている。

・早ければ２０２７年（中国人民解放軍創立１００周年）前後。
・遅くても２０４９年（中華人民共和国建国１００周年）前後。

これらは公的な発表や決議がなされたものではなく、台湾統一が熱い話題となるうちに、アメリカのシンクタンクなどから言い伝わるようになった「時間表」であるが、多くの中国人が信じ込んでいる。

というのも、中国政府は外交部などの記者会見の場を借りて、「台湾問題は永遠にいまのまま未解決の状態であり続けることは、絶対に許さない」と繰り返して語っているからだ。

政府の立場が明確に表されているため、国民はますます「時間表」が存在していることを信じるようになっている。

「中国の夢」と「強軍の夢」

台湾統一への働きかけが平和的なものになるか、武力行使によるものになるかは、中台指導者の政治的知恵と実力次第であろう。

一方、現在の中国では、台湾と日米が結託して台湾独立を加速させ、もっとも危険な事態となっているので、もはや武力行使でしか台湾を取り戻すことができないといった声が次第に強まっている。

加えて、習近平政権では、「中国の夢」と「強軍の夢」という二つの「夢」をスローガンとして打ち出している。

「中国の夢」とは、偉大なる中華民族の復興を果たすことであり、「強軍の夢」とは世界最強の軍事力をもつ国家になることである。

「中国の夢」を支えるのは「強軍の夢」であり、「強軍の夢」の中核は台湾統一の実現なのだ。

いってみれば、「強軍の夢」で台湾を取り戻せば、「中国の夢」が実現され、偉大なる中華民族の復興が果たされることになる。

だが、武力による統一は、これまで述べてきたように、中国・台湾双方にとってリスクと犠牲が高すぎる。

とはいえ、中台平和統一が難しいのは確かだ。筆者は、次のようなことが中台双方で実現すれば、平和統一の可能性があると考えている。

①鄧小平時代の台湾政策を復活させて、「国号」「国旗」「国歌」について中台が協議して決める。前述の汪道涵が提案したような〝一つの中国〟を実現させる。

②統一後の中台は「一国二制度」だが、実質的にいままでどおりに別々に統治を行い、互いに干渉しない。

③多くの台湾人がもっとも恐れているのは、中国の社会主義制度ではなく、強大な軍事力である。そこで、統一後に中国はいかなる武力行使も放棄することを宣言する。

④中国がいちばん懸念しているのは、台湾独立ではなく、アメリカをはじめとする外国勢力の介入だ。だから、統一後、台湾側は外国勢力からの介入（軍事支援）拒否を宣言する。

以上の4点だが、現実にはかなり難しいことは理解している。とくに、国民党政権になれば、少しは話が進む可能性もあるが、独立志向の民進党政権では無理だろう。

ただし、いつまで経っても現在のような厳しい対峙が続くとは思わない。どちらも疲弊するからだ。

いずれ、なんらかのかたちで共存共栄を図る妥協案が生まれると考えている。

武力統一の可能性はどこまであるか

ネットで「現実味を帯びる中国の『台湾進攻』」（武者陵司「幻冬舎ゴールドオンライン」2023年8月3日付）というタイトルの文章を読んだ。

そこには、プーチンのウクライナ侵略よりは、中国の台湾侵攻のほうが、はるかにハードルが低いと書かれていた。その理由として、
①人口、経済力、軍事力において中国が圧倒的優位にあること。
②ウクライナは独立国家だが、台湾は中国の一部であることを、アメリカも国連も認めており、道義的正当性が存在すること。
③議会制民主主義を取っている（かたちばかりとはいえ）ロシアより、一党独裁かつ個人への権力集中が貫徹した中国のほうが、統治能力ははるかに大きいこと。
という3点をあげていた。一理あるだろう。

いくら平和統一を掲げても、合意できるシナリオが生まれるとはかぎらない。むしろ衝突が起こったことで、平和的解決を模索する動きが加速する可能性もある。

歴史上、１８９８年に起こったフランスとイギリスの「ファショダ事件」はその一例であろう。

１８９８年、アフリカ分割をめぐり、スーダンでイギリスとフランスが軍事衝突の危機となった。外交交渉の結果、フランスが譲歩してスーダンはイギリスの支配下に置かれるとともに、これを機に両国は接近することとなった。

ある台湾人は、「台湾人はアメリカが守ってくれると信じ、中国政府は口ばかりで、戦争を行う気がないと思っている。しかし、砲弾が一つでも台北に飛んできたら、台湾人の態度はすぐ変わるだろう」と述べている。戦争を極端に恐れており、もしそうなれば、北京に妥協できる人間を台湾総統にするだろうとも語った。

三つのレッドラインが破られたら戦争も

「中台平和統一の可能性」について、ネットで、筆者の考えにかなり近い別の意見も読んだ。投稿者は次のように主張している。

中国政府は、台湾問題に対して三つのレッドラインを設定している。三つのレッドラインを超えると、戦争が起こる。

三つのレッドラインとは、
①台湾独立の事実が成立する。
②台湾独立の事実を成立させる事件が起こる。
③平和統一の可能性が完全に消える。

レッドラインについては、さまざまな説があるが、この三つの条件は、一応、中国政府の態度を反映しているだろう。

そして投稿者は、現在、この三つのレッドラインのいずれも壊されていないと指摘する。「①台湾独立の事実が成立する」に関しては、台湾政府が独立宣言を行っていない。台湾は相変わらず中華民国憲法により規定されている「国体」である。「②台湾独立の事実を成立させる事件が起こる」に関しては、台湾は核兵器を開発していない。また、外国の軍隊も台湾に駐留していない。この二つのうちどれか一つが起こると、台湾独立の事実が成立すると見なされるが、現在はこのようなことが起こる兆しがない。「③平和統一の可能性が完全に消える」に関しては、台湾の政治制度は選挙制に基づく政権交代がありうるため、親中派の国民党が政権の座に就く可能性がある限り、中台平和統一への期待は続く。

筆者はこの投稿者の意見に賛同する。また、筆者は、中国は以下の三つの戦略で今後も台湾に臨むと考える。

①国際社会に向けて、武力行使を放棄することは絶対に言わない。
②三つのレッドラインが破壊されない限り、辛抱強く待つ。
③三つのレッドラインが破壊されたら、絶対に戦争を起こす。

③について具体的には、たとえば、
Ａ、台湾独立の事実が成立した。
中華民国憲法の破棄、憲法が規定した大陸を含む国土の国境が変わり、中国本土から離脱して別の国づくりをする。
Ｂ、台湾独立の事実を成立させる事件が起こった。
台湾が核兵器を開発することは考えられないが、アメリカとの軍事同盟の結成が考えられる。
Ｃ、平和統一の可能性が完全に消える。
国民党が民進党に合併される、一党独裁に近い政治体制が始まるなど。
ＡＢＣの条件が揃えば、１００％戦争が発動される。

おわりに

父親の墓に向かって

２０２４年2月28日は、台湾史に刻まれた「二二八事件」から77周年を迎える記念日だった。

この日、筆者は千葉県流山市にある自宅で、本書のゲラの最終確認をしながら、南西の方向に向かって「お父さん、僕は台湾の本を書きましたよ」と心の中で語りかけた。

家から数キロメートル離れた松戸市の一角に父の墓がある。父は２００４年に上海で亡くなり、のちに遺骨は彼の第二の故郷である日本に埋葬された。

墓碑の正面は、生まれ育った台湾の方向を向いている。

父は台湾本省人だ。

１９４９年に、蔣介石の国民党軍が毛沢東の軍に敗戦して台湾に撤退した。兵士のほか、軍幹部の家族、商人および難民など、大陸から台湾に渡った者は数百万人にも上るといわれている。

彼らが「外省人」と呼ばれる一方、１９４９年より以前、数百年前から台湾に住みついた人たちは「本省人」と呼ばれている。ただし、現在は外省人の子孫も自分を本省人（台湾人）と呼ぶことが多くなっている。

父親の先祖は、３６０年前に鄭成功将軍と一緒に福建省から台湾に渡った武将の一人だったそうだ。故郷は台南だった。先祖代々、漁業に携わっていたが、のちに財を成して地方の大地主に成り上がったと聞いた。

父の生まれは１９２５年だが、日清戦争によって台湾が日本に割譲されたのが１８９５年であるから、当時の台湾はすでに30年間にわたる日本統治を経ていた。それだけに、かなり近代化が進み、農業生産、水利建設、道路整備、貨幣制度の確立、度量衡の統一など、高い水準に達していたと思われる。これらの事実は、植民地支配への批判とは別次元の話であろう。

教育制度も整っていった。日本は公立小学校を設立し、児童に公費で初等教育を施したわけである。１９３０年に適齢児童の就学率は35％ほどだったが、１９４５年頃には約75％になったのである。

父は、このような環境で、育っていたのだ。裕福な家庭に生まれたので、きちんとした教育を受けていたと思われる。

台湾問題を研究するうえで、父の出自、当時の生活や家族についてなどの話は、とても貴重なものだったろう。彼が生きていた間に、そのような話を聞くことができたなら、どんなに参考になっただろう。しかし筆者は、複雑な中台関係から、台湾の話は嫌がって聞こうとしなかった。

台湾は反共政権だから、台湾研究をすれば、面倒なトラブルを招くだろうとも思っていたのだ。

だから、父が亡くなって20年も経ったいま、台湾問題を扱う本書のゲラをチェックしながら、父の墓の方向に向かって本の出版を報告したわけだ。心のなかで「お詫び」を申し上げながら。

生涯の敵は蔣介石だ

1947年、父が22歳になった年に、二二八事件が起きた。

二二八事件については、すでに本文で紹介したが、実は、父は二二八事件では学生の反政府活動の組織者であり、被害者でもあったのだ。当時、父親は台湾大学学生会の主席を務めており、反政府暴動を指揮していた。そのため、のちに国民党の警察から全国指名手配を受けて、大陸に逃げた。捕まったら、死刑に違いなかっただろう。

月の出ていたある夜、扉の前で指名手配の息子の安否を心配する父親（筆者にとっての祖父）の姿を遠くから見届けてから、故郷を離れたそうだ。家族たちにも逃亡計画を告げなかったと、父は語っていた。心が痛む話だ。筆者なら、このようなかたちで両親と別れることはできないだろう。

1990年、父は43年ぶりに台湾に戻れたが、祖父はもう他界していた。台湾の台南市政府の前には広場がある。そこには二二八事件の犠牲者記念碑があり、父の名前も刻まれている。当時、行方不明になってから数十年が経ち、誰もが父はすでに死亡していると考えていたからだ。

父の名前は丘来伝である。

父が一生かけて憎んだのは、蔣介石だ。2000年、筆者と父は台湾を訪れた。筆者にとっては初めての「里帰り」でもあった。家族4人で台北市内を見て回ったが、中正紀念堂（蔣介石を哀悼するために建てられた記念館。「中正」は蔣介石の本名）を見学しようとしたとき、父親は入場を断り、外で待っていた。生涯の敵である蔣介石のものは、いっさい目にしたくないという強い意志を感じた。

二二八事件をきっかけに、台湾では「白色テロ」と呼ばれる、台湾人への弾圧が繰り返されたが、人権を踏みにじった蔣介石政権は、アメリカに見捨てられたと伝えられている。その後、アメリカはアジアの反共基地を日本に移し、積極的に日本の復興を支援した。

もし、父が存命中に「祖国統一」の話を聞いたら、間違いなく、中華人民共和国は台湾を取り戻すべきだと答えただろう。大陸の教育を受けたこともあるが、蔣介石の国民党政権を消滅させたいという、生涯にわたる強い願望があるからだ。

建国大学に進学する

22歳の父は、なぜ二二八事件の際、反政府暴動という、危険極まりない行為を組織したのだろうか。裕福な家庭で暮らしていれば、一生、安泰なはずだった。

実は、この話には日本のある大学が関わっている。建国大学である。

建国大学は旧満洲国の首都・新京にあった。1938年に開学したが、1945年に旧満洲国が崩壊したことにともない閉学した。建国大学の教育内容は、旧満洲国と同じく、民族協和の実践を目指していた。

つまり、大東亜共栄の理念に精通する日本人幹部と、東亜各国の親日幹部を育てることを教育目的とした大学である。だから、日本人のほかに満洲人、蒙古人、朝鮮人、中国人、ロシア人などの学生も募集されていた。国際色が豊かな学府だった。

入学試験も大学の講義も日本語で行われた。学費は全額国費であり、学生には月に小遣い銭も支給された。高い倍率を勝ち抜いた学生たち約1400名が在籍したと伝えられている。

父も当時（18歳）、建国大学の学生であった。

日本植民地の台湾で試験に合格して進学したが、当時は日本国籍だった。そのために日本人学生から見れば中国人、中国大陸の学生から見れば日本人という、アイデンティティが失われた時期があったと聞いたことがある。

敵国同士が深い友情を結ぶ

当時、日中戦争が行われており、日本と中国は敵対関係にあった。このような最悪の時期であるにもかかわらず、父を含む外国人学生と日本人学生は深い友情を結んでいた。まるで肉親関係や兄弟のようだったという。この友情関係は、戦後も長く続いていた。

不思議に思われるかもしれないが、理由は簡単だ。みなが若者で、ともに一つ屋根の下で勉強し、同じベッドで寝ていた。同じ太陽の光を浴びながら田畑で労働し、同じ空気を吸って喜怒哀楽を共有していた。国が違おうが、日本人を含む学生の多くは侵略戦争に反対していた。

当時、読書の自由があった。図書館には軍国主義の書籍もあれば、社会主義思想の書籍もあった。

父の人生観はこの図書館で刷新された。筆者に対して父は、「建国大学の図書館で、私はソ連社会主義の革命小説を読んだ。革命闘志が燃え上がった」と、人生の転機となったと語ったことがある。こうして父の思想は生まれ変わり、育まれたのである。

1945年に日本が敗戦すると、建国大学は解体された。父は台湾に戻り、1947年に二二八事件に遭遇し、革命戦士のつもりで暴動に参加した。

1984年、父は初めて日本を訪れ、建国大学の日本人同窓と39年ぶりに再会した。その後、16年も日本で暮らしていた。人生においてもっとも長い幸せな日々であった。

建国大学は多くの有名人を輩出している。

市川衛門（中国大使館公使）、吉岡孝行（北海道開発庁次官）、高狄（人民日報社長）、陳抗（駐札幌初代総領事）、姜英勲（韓国国務総理）などがいる。

この話については、テレビ局に勤める筆者の娘が、ドキュメンタリー・シリーズを制作している。ユーチューブで下記のタイトルを検索すれば見られるので、興味のある方は、ぜひ見ていただきたい。

第1回：『消えた大学　幻の満州の夢』

第2回：『朋友～友好の橋を架けた青年たち～』

筆者は上海生まれだ。「大陸台湾同胞」の2代目で、さまざまな台湾向けの宣伝活動にも参加した過去がある。生活が優遇されたこともある。

最愛の母は広東省出身で、かつて日本軍と戦っていた新四軍の一兵士だった。「反日」の母と「親日」の父が、なぜ結婚したかは、ときどき不思議に思っていた。

機会があれば、家族の話は別の本で語らせてもらいたいと思う。

筆者の父について長々と説明したが、現在の台湾人には、その数だけ、さまざまな歴史をもつ者が多い。私の父母のように、本来は敵同士だった者が、現在では非常に親密な関係にあるケースも少なくない。

中台関係がこれからどうなるかは、誰にもわからない。しかし、いつの日か、恩讐を超えてわかりあえる、あるいは、お互いに相手の立場を尊重し合う関係に進み、それが日本も含めてアジアの平和につながり、戦争のない世界が築き上げられることが、筆者の願いである。

最後に、本書刊行にあたり、徳間書店の明石直彦氏には大変お世話になった。さまざまな資料や、別の視点からの考察のヒントなどを提供してくれたことで、本書はより豊かな内容になったと思う。あらためてお礼申し上げたい。

邱 海涛（きゅう・かいとう）

1955年中国上海生まれ、上海外国語大学日本語科卒業。

父親は国民党による台湾人弾圧「228事件」をきっかけに、台湾から中国へ逃れており、台湾にルーツを持つ。

1985年に来日し、慶應義塾大学および東京外国語大学で学んだ後、日本企業で10年間勤務する。1995年、日本に帰化。

現在、中国と日本の間で出版や映像プロデューサーとして幅広く活動中。

著書に『中国五千年性の文化史』（徳間文庫）、『ここがダメだよ中国人！』『中国大動乱の結末』『中国でいま何が起きているのか』（以上、徳間書店）、『中国セックス文化大革命』（徳間文庫カレッジ）、『チャイニーズ・レポート』（宝島社）など多数。

著者メールアドレス：omjp2001@yahoo.co.jp

中国の台湾武力統一が始まる

第1刷　2024年3月31日

著　者　邱海涛
発行者　小宮英行
発行所　株式会社徳間書店
〒141-8202　東京都品川区上大崎3-1-1
目黒セントラルスクエア
電　話　編集（03）5403-4344／販売（049）293-5521
振　替　00140-0-44392

印刷・製本　中央精版印刷株式会社

ISBN978-4-19-865772-7